国語科授業サポートBOOKS

対話的な学び合いを生み出す
文学の授業「10のステップ」

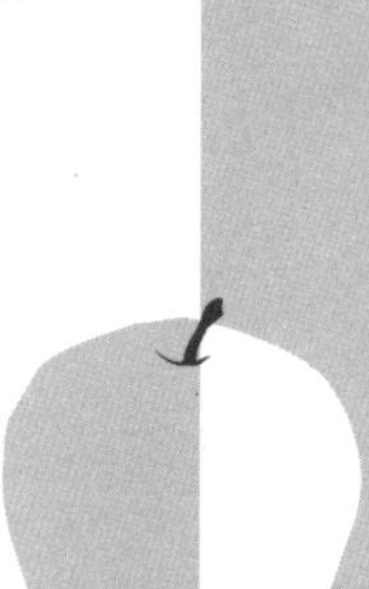

立石 泰之 著

明治図書

はじめに

「国語を教えるのは難しい」

そんな先生方の声をよく耳にします。この場合の「国語」とは、主に「読むこと」を指しているようです。教科書教材の文章を指導者としてどのように分析し、子どもたちから出される様々な考えをどのように組織して方向付けていけばいいのかが分からない、子どもたちの頭の中の読み方がよく見えないために、結局指導者自身がどう読んだかを解説してしまう、と言います。読み手の解釈に差異が生じやすい文学的文章（物語）を教材にした指導においては、考えの出し合いや教師の解釈の説明で終わる場合も少なくないようです。

社会のグローバル化に伴い、多様で異質な他者と協力して問題を解決していく力の育成が叫ばれる現在、主体的・対話的で深い学びの実現を目指した日々の授業の改善が求められています。

国語科の読むことの授業においても、子どもたちの主体性を引き出し、他者との対話を通して考えを深まらせる学びを実現していく必要があります。そのためには、教師による入念な教材分析や指導方法の構想、授業におけるコミュニケーションの組織が重要ですが、それらの「技術」を身に付けていくのは、なかなか容易なことではありません。単なるテクニックではなく、確かな「技術」にしていくためには、「学び」や「読むこと」などに対する教師の確固たる考え方が必要です。逆に言えば、「学び」や「読むこと」などに対する教師自身の考え方を転換させていくことで、教師の教材の読み方や設定する活動、子どもたちへのことばかけや子どもたちの声の聴き方が変わってくるのです。子どもたちを自覚的な読み手に育てていくためには、まずは教師自身が、自らの指導や読み方に対して自覚的でなければなりません。

本書では、文学的文章（物語）教材における対話的に学び合う読みの授業づくりに向けて、必要な教師の考え方やポイントについて、授業づくりの段階に応じた10のステップで解説しています。

ステップ1と2では、目指す「学び合う読みの授業」のイメージや教師の授業をつくる力について述べるとともに、「読む」ということについて理解を深めていきます。

ステップ3から5では、教材研究について考えます。教材研究とは、「教材の分析・解釈」と「指導方法の構想」です。その中で、子どもたちの思考を深める発問の組み立てのポイントについても述べていきます。

ステップ6から10では、実践場面での具体的な指導について考えます。一単位時間における「導入」「展開」「終末」と「授業後」の場面で、子どもたちの対話を組織して学びを深まらせるとともに、次の学びへの意欲を高める指導のポイントについて述べていきます。

本書は文学的文章（物語）を教材にした読むことの授業づくりについて述べたものですが、子どもたちの対話を誘発して学びを深まらせる点については、他教科に通じる部分も多くあるかと思います。
本書を共感的・批判的に読んでいただくことによって、日々の子どもたちの対話的に学び合う喜びや自己の成長を実感できる授業づくりの一助となれば幸いです。

二〇一七年六月

立石　泰之

もくじ

ステップ 2

「読む」について理解しよう

教材研究

ステップ 3

1 教材を分析・解釈してみよう

ステップ4

2 指導方法を構想しよう

ステップ5

3 学び合いを生み出し、読みを深める発問を組み立てよう

ステップ 10

5 子どもの学びをフィードバックし、学びへの意欲をさらに高めよう

ステップ

1

学び合う読みの授業イメージをもとう

① 読みの授業が楽しくなくなるのはなぜ？

子どもたちは、国語の読みの授業を楽しいと感じているでしょうか。

バンダイが二〇一〇年に行ったアンケート調査では、国語科は、好きな教科で算数科、体育科に次いで総合で三位に入りました。好きな理由としては、「読書が好きで、物語を読むと想像が広がって楽しい」、「物語を読みながら作者がどんなことを思って作品を書いたのかを読み取ったり自分で考えたりするのがおもしろい」という回答が多かったそうです。

しかし一方で、国語科は「嫌いな教科」では総合で二位になっていました。男子では、断トツでした。実に四割以上の男の子たちが「嫌いだ」と答えています。女子でも「嫌いな教科」の二位に入っていました。嫌いな理由としては、「作文や文章問題など自分で考えなければならないところが苦手」、「読解問題が苦手」などのような理由が多かったそうです。

これらは古いデータではありますが、現在の国語科教育にも通じる重要な問題を提起してくれているように思います。実際、平成二十八年度までの全国学力学習状況調査においても「読書は好きですか」という質問に対して「当てはまる」「どちらかといえば当てはまる」と回答した小学六年生の割合は、毎年七十パーセントを超えるのに対し、「国語の勉強は好きですか」という質問に対して「当てはまる」「どちらかといえば当てはまる」と回答する割合は、毎年六十パーセント前後となっています。

これらの結果は、何を意味するのでしょう。私は、次のように考えました。

子どもたちは、国語科の扱う物語のおもしろさは感じているけれども、教師から求められる「答え」を出すことに苦手意識を感じている、つまり、教材（物語）は好きだけど、授業は嫌いと言っているのではないでしょうか。

毎日、時間割に組まれている国語科授業。そのなかでことばにならない叫びを子どもたちがいつも上げているとすれば、これは看過できない問題です。アンケート結果が教えてくれる子どもたちの訴えを私たち教師は、謙虚に受け止めなければなりません。

では、子どもたちはなぜ「国語の授業が嫌い」だと思うのでしょう。

一つの授業を例に考えてみましょう。次は、私自身が若い頃によく行っていたような授業です。

授業に向けて、じっくりと物語文の教材研究を行った。

教材文の一言一句の意味から調べ、物語の作られた背景や他の作品を読んで作者の思想についても研究した。調べると、面白い発見があり、自分なりの教材に対する新たな解釈をもった。指導案審議を何度も重ね、授業に臨んだ。

本時では、物語の一つの場面を限定し、補助的な発問を繰り返して授業の最後で主要発問をすることで、私の発見した新たな解釈に気付かせようとした。

最初の補助的な発問をする。みんなが勢いよく手を挙げる。なかなかいい感じだ。しかし、当てられた最初の子が、私がねらっていることばを発言しなかった。私は、
「他にありますか」
と他の子に発言を促した。二人、三人…、四人目にして、そのことばがようやく出てきた。

今度は、その子の発言を聞いていない子が見られたので、私は、
「○○さんは、大切なことを言っていますよ。もう一度言ってもらうから聞いてください」
と指示をした。

次の補助的な発問をする。挙手は半数くらいになった。
先ほどと同じように、ねらいとすることばを出させた。

その後も手を挙げる子の数は減っていき、最後の主要な発問の場面では、誰も手を挙げなくなった。どうしていいのか分からなくなったので、比較的学力の高いAくんに当ててみた。

Aくんは、困ったような、迷惑そうな表情をして、渋々と答えた。しかし、さすがAくんである。完璧とは言えないが、そのような状況でもまあまあの「答え」を言ってくれた。

後半あまり意見が出ない様子が見られたが、最後にAくんがねらいとした解釈に近いことばを言

っていたので、指導目標を概ね達成できたと考えている。

このような状況は、授業ではよくある話ではないでしょうか。授業者は、本当に熱心に授業づくりに取り組んでいます。

では、この授業の何が問題なのでしょう。授業の様子から、子どもたちが国語嫌いになる原因をぜひ探してみてください。

いかがでしょうか。問題は、次のような点です。

・本時では、物語の一つの場面を限定し、補助的な発問を繰り返して授業の最後で主要発問をすることで、私の発見した新たな解釈に気付かせようとした。
・当てられた最初の子が、私がねらっていることばを発言しなかった。私は、「他にありますか」と他の子に発言を促した。
・私は、「〇〇さんは、大切なことを言っていますよ。もう一度言ってもらうから聞いてください」と指示をした。
・どうしていいのか分からなくなったので、比較的学力の高いAくんに当ててみた。

これらは、「『答え』が授業の中で発言されれば成功」という教師の授業に対するイメージや子どもたちの考えに対する信頼の不足が原因です。教師は、学級全体の子どもの思考の流れが見えておらず、誘導して「答え」を言わせることに躍起になっています。

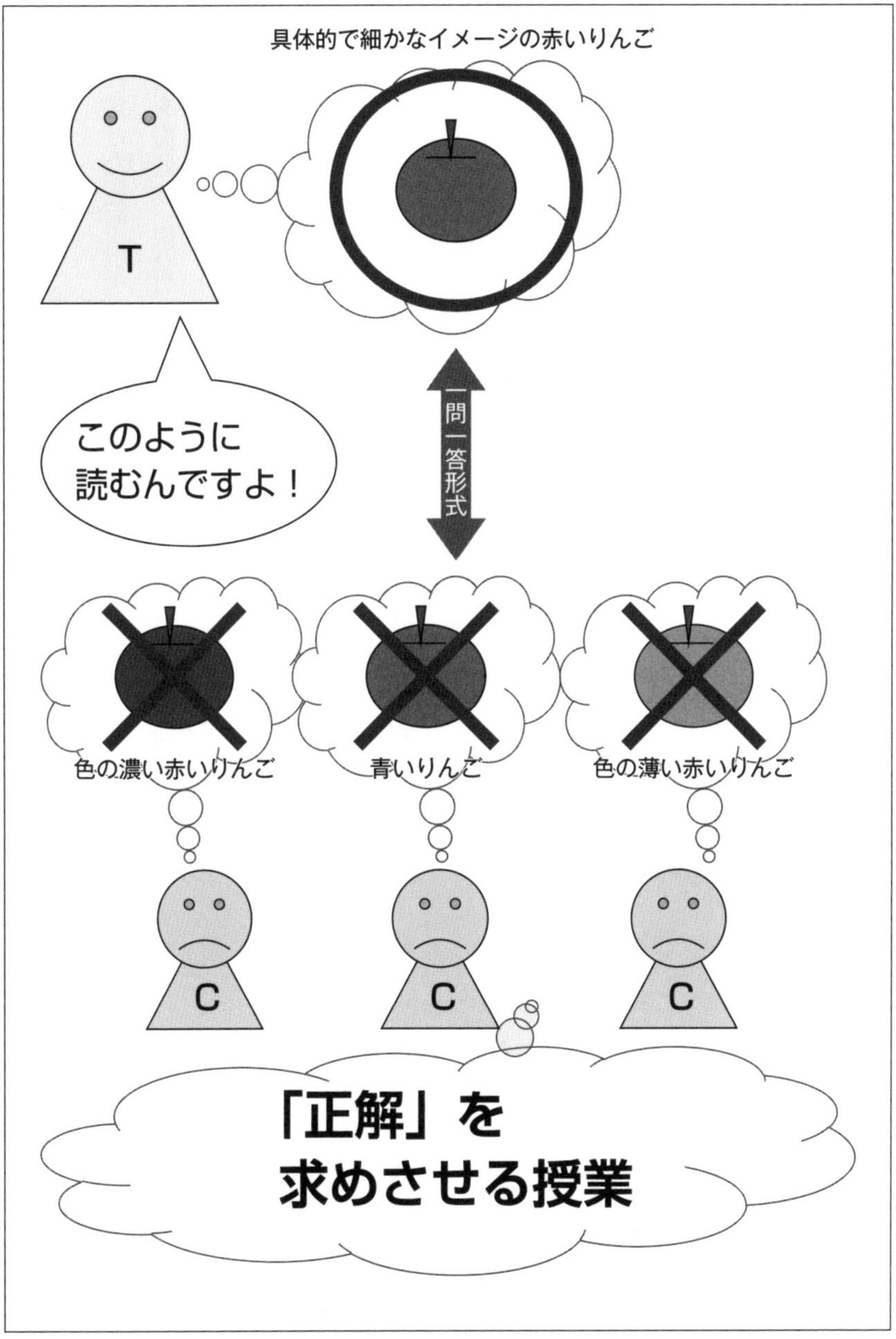
具体的で細かなイメージの赤いりんご
T
このように
読むんですよ！
一問一答形式
色の濃い赤いりんご
青いりんご
色の薄い赤いりんご
C
C
C
「正解」を
求めさせる授業

教師の頭の中の解釈を当てさせる授業

先に挙げた授業のモデルは、前頁の図のような授業だと言えます。教師は、授業を迎えるまでに自分が教材を徹底的に分析して得た解釈が唯一の「答え」と捉え、それを子どもたちに当てさせようとしているのです。

教師は、文章を分析して解釈した「りんご」の具体的で細かなイメージを子どもたちに言わせようとしていますが、子どもたちのイメージする「りんご」は教師の考える「りんご」と一致しません。そこで、教師は細かい発問や「他には?」を繰り返しながら、一問一答形式で、自分の考える「りんご」のイメージに近づけようとしています。

そして、自分の考える「りんご」に近いイメージが出されると、「大切なことを言っている」「良い意見だ」と言って、周囲の子に暗に「正解」であること告げます。

逆に言えば、そのような授業の進め方のなかで、教師は他の子どもたちがもっている解釈を一つ一つ否定しているのです。

わたしたち教師は授業を「うまく」いかせようとするあまり、自分の求める「答え」を言わせそうとしてしまいがちです。自分の考える「答え」がなかなか出ないときには、学力の高い子を指名して意見を言わせて(学力の高い子にとっては、求められている「答え」が最初から分かっている場合がある)、その意見を学習のまとめとしたり、散々話し合っても、なかなか欲しい「答え」が出ない場合に「このようにして読めばいいのです」と教師の読み方を「答え」として押し付けてしまったりすることさえあります。

または、授業に活気を生み出そうと、教師が対立場面を煽り、授業の最後には教師の考える「答え」を発言した子たちが「勝者」となり、違う意見をもっていた子たちが「敗者」となっていないでしょうか。

すると、子どもたちは自分の考えに自信をもてなくなり、だんだんと発言しなくなります。文章を読んで自分の考えをもつことに、苦手意識をもつようになるかもしれません。

このような授業を積み重ねていけば、教師が自覚的ではないにしても、子どもたちに教師自身の考える「答え」を言わせようと一生懸命に努力すればするほど、国語の授業が嫌いな子どもたちをどんどん増やしているという皮肉な結果になるのは当然でしょう。

これから授業づくりについて考えていく前に、まずは、目指すべき授業像について考えてみましょう。

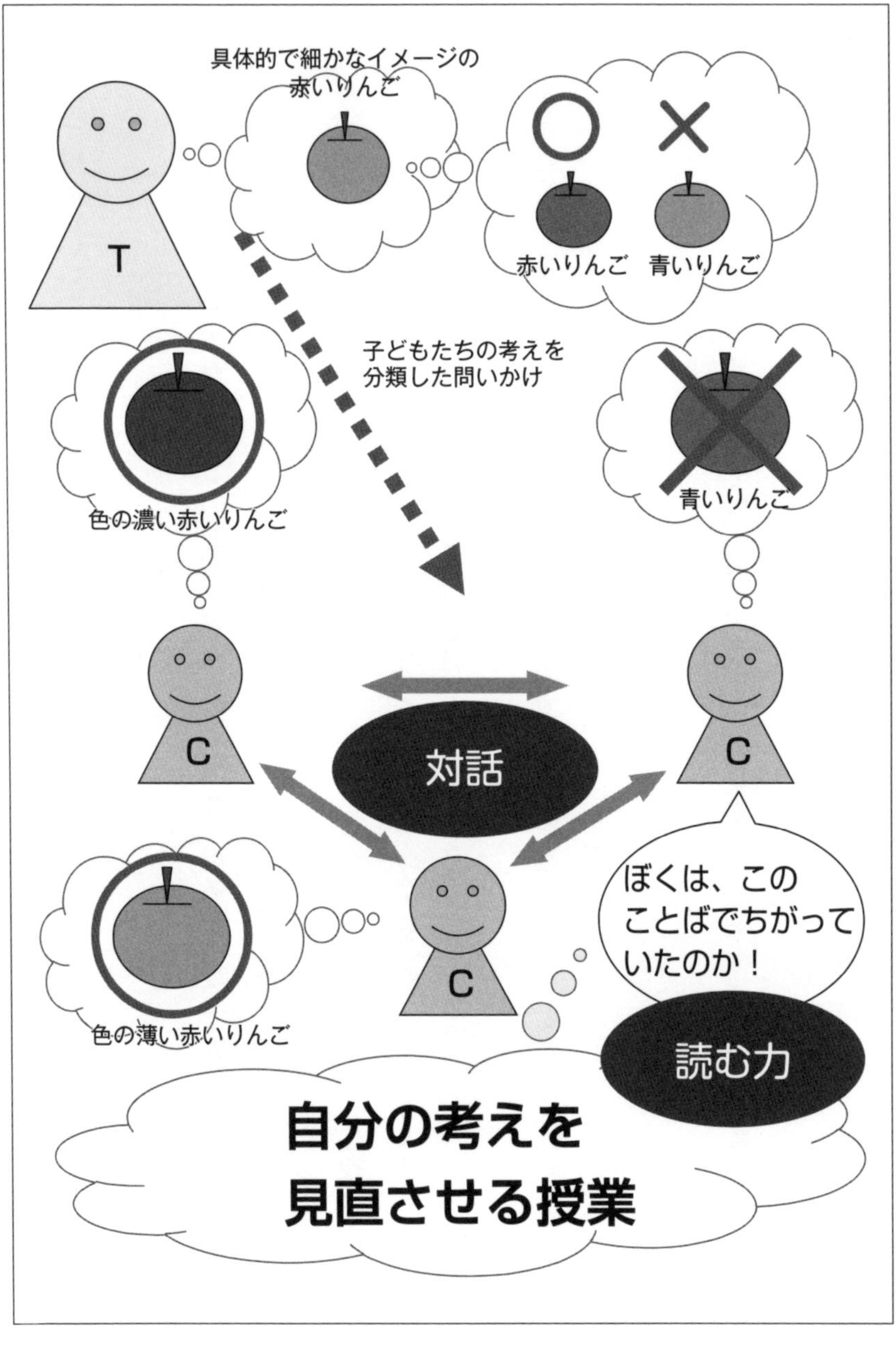
具体的で細かなイメージの
赤いりんご
T
赤いりんご
青いりんご
子どもたちの考えを
分類した問いかけ
色の濃い赤いりんご
青いりんご
C
対話
C
C
ぼくは、この
ことばでちがって
いたのか！
色の薄い赤いりんご
読む力
自分の考えを
見直させる授業

② 子どもが主体的・対話的に学習し、深く学ぶ楽しさを感じる「学び合う読みの授業」とは？

では、子どもたちは、どのような授業を楽しいと感じるのでしょうか。子どもたちが、主体的に学習する授業にしていくためには、どうしたらいいのでしょうか。

それは、教師が教えたいことを一方的に子どもたちに押し付けるような授業ではなく、**子どもたちが課題意識をもって、見方や考え方を活用し、互いに調べたり話し合ったりすることで、自分の考えを確かめ、見直すことを通して、読むことに対する新たな見方や考え方を獲得していくような授業**です。

私は、教師の考える「答え」を当てさせる授業は、子どもたちを国語嫌いにすると述べました。しかし、誤解しないでいただきたいのは、決して教師が授業における「答え」をもってはいけないということではありません。寧ろ教師は、自分なりの「答え」をもって授業に臨むべきだと考えています。教師は、自分の解釈をしっかりともち、教材文からどこまでを話合いで明確にできるのか、子どもたちの実態からどこまで求められるのかを考えなければなりません。そして、授業で求めさせる「答え」に「幅」をもたせて授業に臨むのです。そして、「答え」を探す過程を通して、子どもたちがどのような読むことに対する見方や考え方を身に付けさせられるのかを考えておく必要があります。

前頁の図では、教師は、自分が解釈した「りんご」のイメージはありますが、授業では子どもの実態から「赤りんごはいいが、青りんごは違う」というぐらいの「答えの範囲」をもたせておきます。

そして、子どもたちに考えを問うと、子どもたちはそれぞれ自分が思い描くりんごのイメージを答えるでしょう。そこで、教師が、

「みんなの考えは、『赤りんご』と『青りんご』に分けられるようだけど、どちらなんだろうか。」

と、子どもたちの考えを分類して問いかけると、子どもたちは安心感のある雰囲気のなかで、自分がそう考えた根拠や理由を対話し始めます。

そして、対話を通して、子どもたちは教師のねらいとする「赤りんごはいいが、青りんごは違う」ということに気付き始めます。

最初に「青りんご」と考えていた子は間違っていたから楽しくないのではないか、と思われるでしょう。しかし、そうではありません。その子は、話合いの中で、自分がどこでみんなと考えが違っていたのか、どんな読み方をしたらいいのかを自分自身で気付いたり、友達に明らかにしてもらうことにより、自らの読みの変化を実感し、学びを深め、楽しさを感じることができるのです。その気付きは、読むことへのさらなる意欲と読むことに対する見方や考え方の高まりにつながっていきます。

「楽しさ」には様々なものがありますが、私は、読みの授業における子どもたちの楽しさとは、他者の考えを聞くことによって自分の考えを確かめる楽しさであり、これまでの自分の読みを打ち破り、新たな読み方、新たな解釈やイメージに辿り着いた自己の変化を実感する楽しさであると考えます。

これが、「学び合う読みの授業」です。

③ 教師の授業力のイメージ

私は、これまで多くの教育実習生を受け入れてきました。教育実習生の授業を見ていますと、その多くが本時の目標である教科内容を児童に伝えること、理解させることに懸命になっています。つまり「伝達」しようとしているのです。

彼らの多くは、子どもたちから自分が描いているシナリオとは違う発言が出されるとパニックになってしまい、そこから授業を展開することが難しくなってしまいます。授業者の思いとしては、児童といっしょに授業をつくろうと努力しているのですが、それがなかなかできません。

授業とは、教師と子どもたちと教材の間で生じる反応であり、子どもたちにとっては創造的で実践的な自己を変革する場です。子どもたちは、授業に参加することによって、ものの見方や考え方を変化させ、新たに知識を構成する「学び」を通して、自己を変革させていきます。

このような変化は、授業において自然発生的に生まれるものではありません。それには、教師が意図的・計画的に授業をつくっていくことが必要です。

教材との出合いを通して、子どもたちが心を動かし、互いに影響を与え合いながら自分を変えていく授業を生み出すには、わたしたち教師は何をしなければならないのでしょうか。

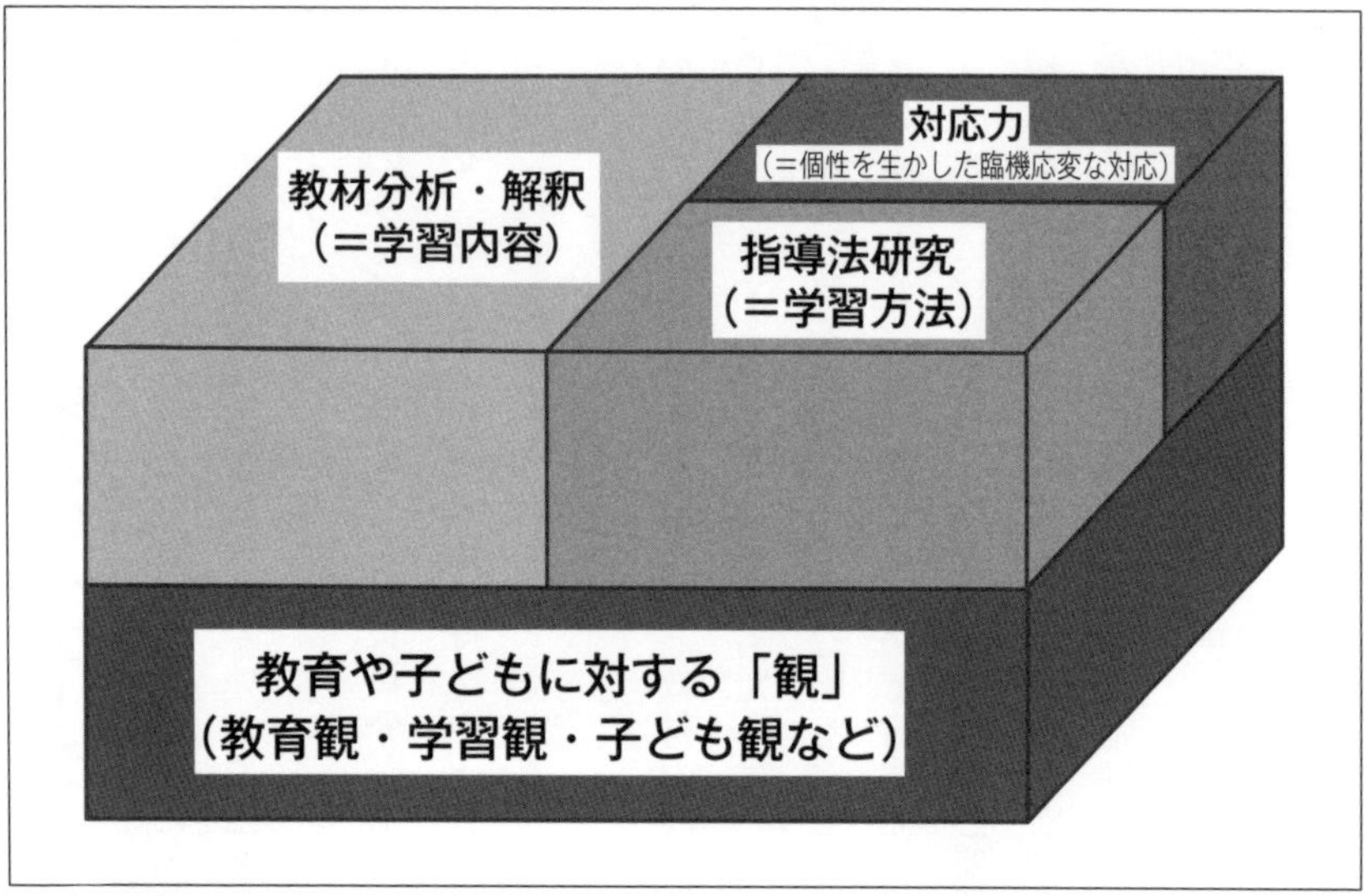

私は、授業をつくっていく教師の「授業力」のイメージを上の図のように考えています。その基盤となるのは、やはり教師自身の「教育や子どもに対する『観』」です。目の前の学級の子どもたち一人一人の特性を理解していることは勿論、子どもとはどのような存在なのか、教育とは、国語科の授業とは、読むとはどのようなことかなどについて自分自身の考えをしっかりともっておくことが必要です。

基盤となるそのような教師の考えは、授業構想段階だけでなく、子どもたちに対する教師の一つ一つの言葉遣いに至るまで授業づくり全体にわたって影響を与えます。

その「観」の上に立ち、まず行っていくのが「教材分析・解釈」です。

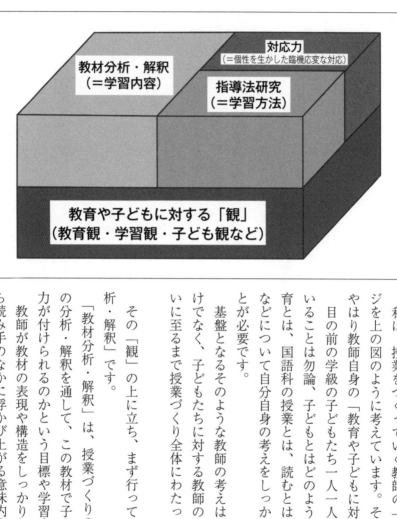

「教材分析・解釈」は、授業づくりの中核です。教材の分析・解釈を通して、この教材で子どもたちにどんな力が付けられるのかという目標や学習内容が決まります。

教師が教材の表現や構造をしっかりと分析し、そこから読み手のなかに浮かび上がる意味内容を捉える。そうして、学級の子どもたちの実態に合わせて目標や内容を設定します。この教材の分析・解釈がしっかりとなされていなければ、授業が子どもたちにとって学びのない時間となってしまいます。

また、「教材分析・解釈」と併せて行っていくのが、「指導法研究」です。

教材を分析・解釈した内容をもとにして、目の前の子どもたちの実態から学習課題を設定し、それに迫らせるための学習活動や方法と子どもたちの思考の流れに沿った発問を考えます。そして、単元をどのような課題で組み立てていくのか、一単位時間の活動をどのように課題解決的に展開させていくのかなどについて構想していきます。

例えば、身体表現が好きな低学年の学級であるならば、単元全体で物語を劇にする学習活動の流れを考え、子どもたちが活動の目的をもって動作化するなかで、より深く解釈できるようにするための発問を計画するでしょうし、抽象的な思考に慣れてきた高学年の学級であるならば、子どもたちが疑問に感じたことを討論する単元の流れを構想し、子どもたちが明らかにしたいことについて討論するなかで書き手の意図に気付けるような板書や教師からの投げかけを計画したりするでしょう。

このような「教材分析・解釈」と「指導法研究」を併せたものが教材研究です。

教師の教材研究する力とは、児童の実態と教材の特性を分析し、それに応じた授業の内容と方法について構想することができる力のことです。

そして、最後に実際に授業を行っていくなかで、子どもたちの主体性を引き出したり対話を促したりするための「対応力」が必要になります。

具体的には、教室内での教師の動きや児童に発言させるタイミング、出された意見に対する切り返しやことばかけなどの教師による即時の反応です。

教師にとって授業は、子どもたちの言動に対する分析と判断、そして対応の連続です。展開する授業のなかで教師が臨機応変に対応するためには大切なポイントがあります。

しかし、いくらそのようなポイントを取り入れたところで授業の実践力が高められるとは限りません。ここでもやはり基盤となる「教育や子どもに対する『観』」が重要です。子どもたちの（表面的な）言動にとらわれることなく、その根底にある思いや考えについて、その子の個性や背景を教師が踏まえた上で対応していく必要があります。「対応力」は、経験的に身に付いてはいきますが、日々の授業の中で教師自身が意識して磨き、高めようとしていくことが大切です。

そして、わたしたち教師の自分自身の個性に対する理解もまた大切です。人の真似ではない、自分の授業スタイルというものはそこから生まれてきます。

教師の確固たる教育観・子ども観を基盤にして、授業づくりの中核となる教材分析・解釈を入念に行い、捉えた教材の特性から学習の目標や内容を決定する。そして、子どもたちの実態に合った学習課題や展開、指導の方法を計画し、実際の授業場面では、自分の個性を生かして子どもたちに対応する。

これが私のイメージする「授業力」です。

そしてもう一つ、授業力を高める上で欠かせないことがあります。それは、教師自身の授業を楽しむ心です。「好きこそものの上手なれ」と言いますよね。

研究授業になると、授業者の先生が楽しそうに見えないことはないでしょうか。先生が辛そうなのですから、勿論授業を受ける子どもたちもまた授業を心から楽しんでいるようには見えません。国語の研究授業をすることが決まった先生の表情は、何か不幸な出来事に遭遇してしまったかのような感じです。

日々授業をつくることは、楽しいものです。ましてや研究授業は、学級の子どもたちみんなをヒーローにできる可能性のある場であり、子どもたちの大きな成長の契機となる絶好の機会です。わたしたちは、児童に楽しく力を付けさせる授業をつくりたいという願いをもっているにも関わらず、これまでの「…ねばならない」という思いや当たり前だと信じて疑わないこれまでの授業づくりの手順を踏み、無自覚のうちに自分も児童も楽しめないような授業づくりをしていないでしょうか。

授業のなかで突飛とも思える子どもの考えも生かしながら、子どもたち全員が話合いを通して考えを深めていけたら、教師としてこんなに楽しいことはありません。

そんな授業を実現していくために、「読む」ということについて、教材分析・解釈の在り方、教材と子どもたちに応じた活動設定の在り方、対応の仕方などについて考えていきましょう。

ポイントのまとめ

●教師の頭の中にある「答え（ことば）」を当てさせる授業ではなく、自己の変容を実感する授業を目指そう。

●「授業力」は、教育観・子ども観を基盤にした（教材分析・解釈）×（指導法研究）×（対応力）。

ステップ1 ステップ2 ステップ3 ステップ4 ステップ5 ステップ6 ステップ7 ステップ8 ステップ9 ステップ10

ステップ

2

「読む」について理解しよう

①「読む」ってどんなこと？

物語を読む授業づくりについて考えていく前に、まず「読む」ということがどのようなことなのかについて考えてみましょう。

私が、教師になって三年目の頃だったと思います。子どもたちの学期末の成績をつけていたときに、ふと疑問が湧いてきました。

「本当にこの子たちは、読めているのだろうか。」

成績をつけると言っても、当時の私は単元の最後に業者から購入したテストを行って点数をつけ、そのテストで指示されている通りに点数によって子どもたちをA、B、Cで評価していました。業者テストも客観的なデータに基づいて、十分に検討して作成されたものだと思います。しかし、私自身のなかには、「読むこと」に対する評価の「根拠」や「理由」のようなものがなかったのです。

そのときのテストの問題は、文章から答えとなる一部分を「抜き出す」というものが多かったように思います。文章から一部分を抜き出せれば、どうして「読めている」ということになるのか、そんなこ

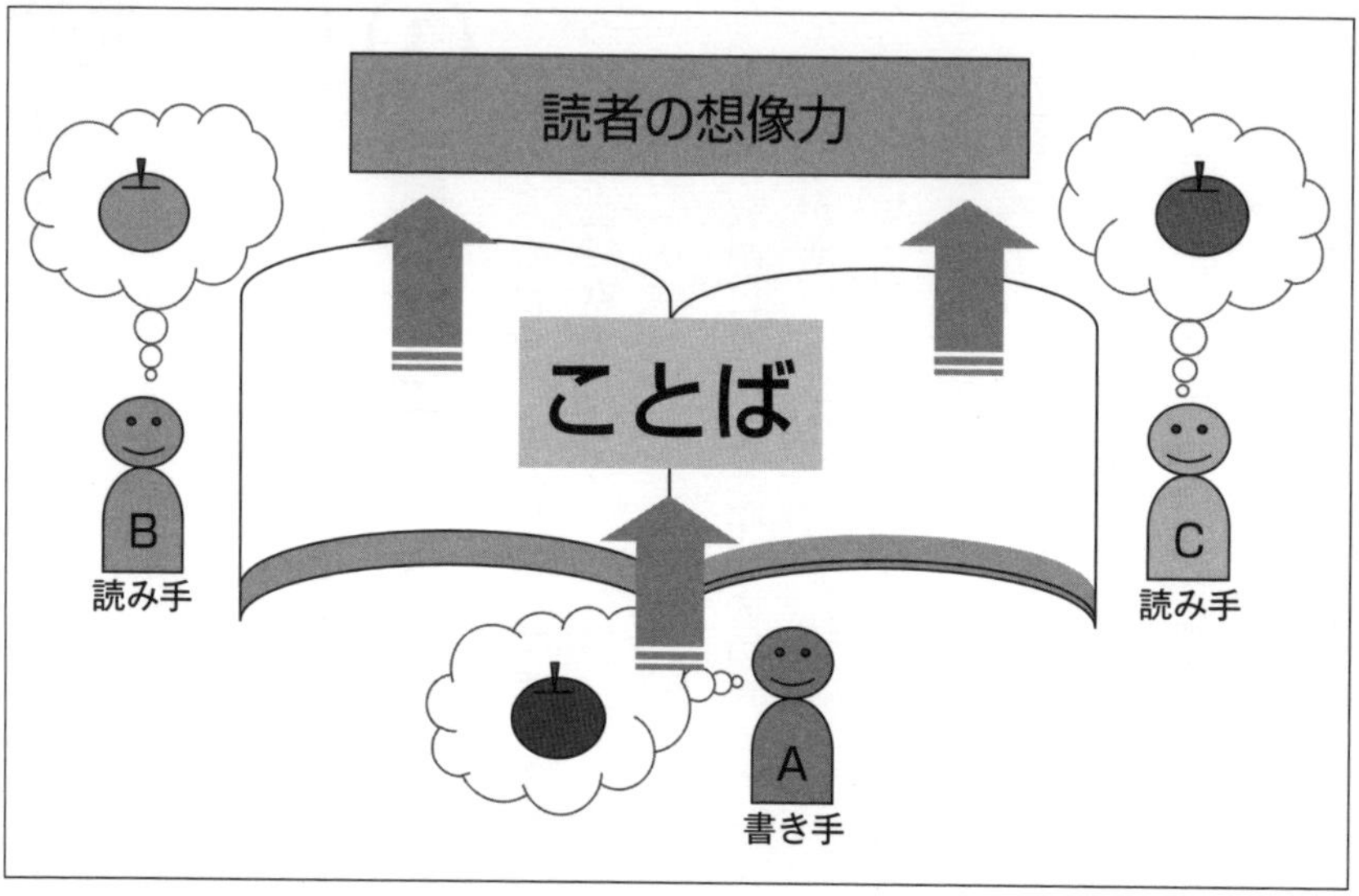

とさえ分からない私が、授業で子どもたちに読む力を付けることなどできるはずがありません。私は、そのとき自分のなかに「読む」とはどういうことなのかについての確固たる考えがないままに子どもたちを評価していることに気付き、罪悪感を感じたのを憶えています。

「読む」ということが分かれば、その時間の授業の内容と方法が見えてきます。そして、その場で的確に子どもたちに評価を与えることができます。まずは教師が「読む」ということを理解する。そうして初めて子どもたち自身が読めているという実感をもった楽しい授業を創造することができるのです。

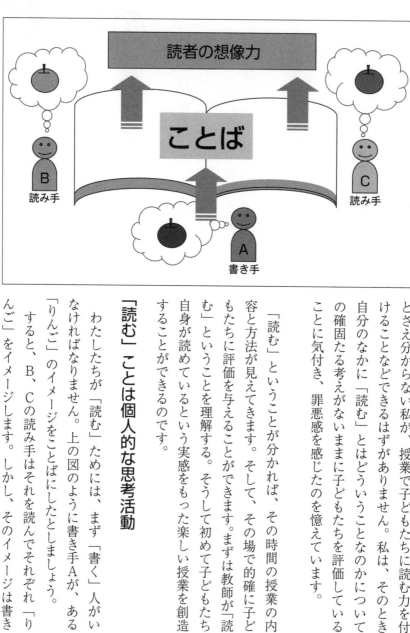

「読む」ことは個人的な思考活動

わたしたちが「読む」ためには、まず「書く」人がいなければなりません。上の図のように書き手Aが、ある「りんご」のイメージをことばにしたとしましょう。

すると、B、Cの読み手はそれを読んでそれぞれ「りんご」をイメージします。しかし、そのイメージは書き手Aの「りんご」とは似ていますが微妙に異なります。B、Cの読み手同士のイメージでもそうです。三者のイメージが全く同じになることは、まずあり得ません。これは、B、Cが読めていないということではありません。BもCもちゃんと読んでいます。

なぜイメージが一致しないのでしょうか。それは、ことばというものが、人との間で「分かち合うもの」でありながら、ことばを受けたその人の「知識や経験などによって補われる不完全なもの」だからです。

読み手は、書き手によって与えられたことばに触発されて、想像力をはたらかせて物語の世界を自分のなかに完成させます。そして、想像力はそれぞれのもつ知識や経験などを基盤としています。同じことばを読んでもイメージが異なるのはそのためです。

そして、読み手は、物語の中のことばを通して、自分の住んでいる「世界」を捉え直し、それぞれが自分にとってその物語を読んだことにどのような意味があったのかを考えていきます。

読んで得るイメージや解釈は主観的なものであり、読むことは個人的な思考活動なのです。

「読む」ことは、ことばをつなぎ、ことばの「間」をうめること

涙を流した。

では、わたしたちはどのようにして読んでいるのでしょうか（ここでは、「文章に対する読み手の評価」を含まない「解釈」レベルで考えていくことにします）。今、この本を読んでいるあなたにそれを体感してもらいたいと思います。

上の文を読んでみてください。「涙を流した。」とありますが、どんなことがあなたの頭の中にイメージされますか。少し考えてみてください。

このことばからは、「悲しみの涙」、「うれし涙」、「悔し涙」、あくびをしたときや目にゴミが入ったときなどに出る「生理的な涙」、誰かが涙を流している映像、何か悲しかったり感動的な状況など、読む人によってイメージされるものは様々です。

では、その「涙を流した。」という文の前に、「結果は準優勝だった。」という一文が並べられると、頭の中のイメージはどのように変化するでしょうか。

結果は準優勝だった。
涙を流した。

多くの場合、「うれし涙」か「悔し涙」のような考えに分かれます。これは、「準優勝」をうれしいものと考えるのか、悔しいものと考えるのか、「準優勝」ということばのもつイメージの違いによるものです。そのイメージの違いは、どこから来るのでしょう。それは、読み手のもつ知識や経験、価値観などの違いによって生じます。

読者のみなさんの頭の中には、様々な分野での準優勝した人物の様子が浮かんだのではないでしょうか。それは、自分が以前、部活動などで経験したスポーツの大会の光景かもしれませんし、テレビで見た場面かもしれません。

優勝が狙える実力をもちながら、あと一歩及ばす、決勝で敗れ、涙をのむ選手の姿を見た経験から、「準優勝」は「悔しいもの」というイメージをもっている人も多いでしょう。一方で、予選敗退ばかりしていたのに、練習を積み重ねたことで、決勝まで上りつめ、準優勝したという経験のある読者の方は、「うれしいもの」というイメージをもっているかもしれません。そこに解釈の違いが出てきます。

そして、最初は「涙」ということば一つで様々なイメージをもっていたものが、「準優勝」ということばとつなげて（関係付けて）考え始めたことで、考えが「涙を流した理由」に焦点化されていることにも気付くでしょう。

では、二文の前にもう一文、「四年間の大会では、準優勝だった。」という文が並ぶと、どうでしょうか。

ここまでくると、ほとんどの人のイメージが「悔し涙」に変化してきます。このように読み手のイメージが少しずつ変化するのは、なぜでしょうか。

四年前の大会では、
準優勝だった。
結果は準優勝だった。
涙を流した。

それは、読み手が先ほどの「涙」「準優勝」ということばと「四年前」「準優勝」ということばをつなげた（関係付けた）からです。「四年前」と言えば、四年間隔で行われるオリンピックやワールドカップなど、世界的にも大きな大会を想像した方も少なくないでしょう。そして、それらのことばの間で選手の血のにじむような努力を思い、「四年間、一生懸命練習したんだろうな」「四年前と同じ結果で、悔しいだろうな」という解釈を行ったことによって、「悔し涙」というイメージを浮かべるのです。これが「行間を埋める」ということです。

また、右の図は、文を並べていっただけのものです。一つの文章になっているわけではありません。わたしたちの脳は、一つの空間にことばなどの情報が並んでいると、それをつなげて考えようとするのです。このようにわたしたちは、ことばを関係付け、行間を解釈で埋めながら読んでいます。

学級のなかで、もし「読めない」子がいるとすれば、文章中のつなげるべきことばが見つかっていないのか、知識や経験などを基盤とした解釈が違うのかを教師が見極めなければなりません。

②どうしてみんなで読むの？

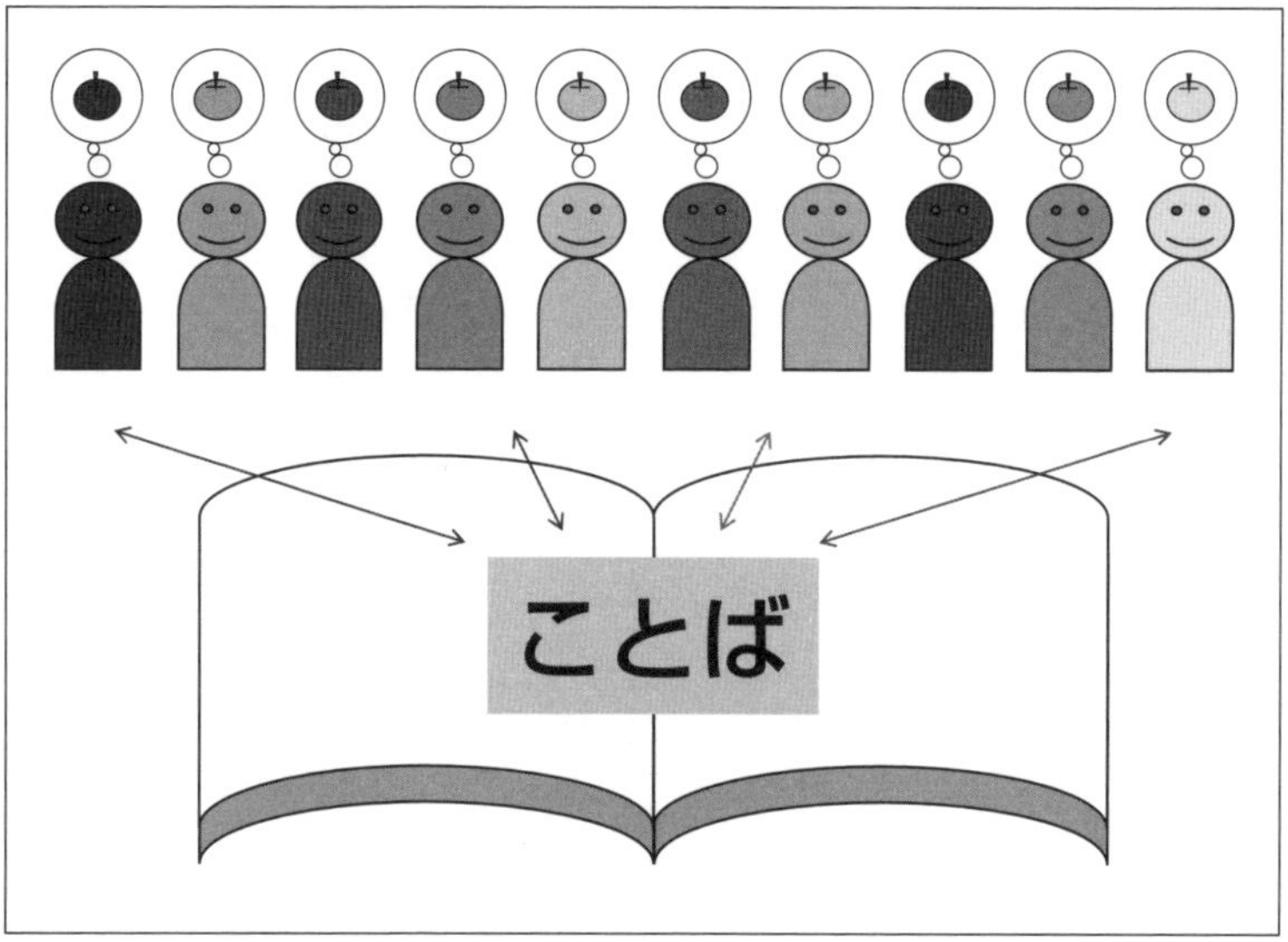

解釈の妥当な「範囲」を検討する

前頁で述べたように、読んで得るイメージや解釈が主観的なもので、読むことが個人的な思考活動なのであれば、なぜ学校の学習では集団で読むのでしょうか。同じ文章を読んでも、その反応は上の図のように十人十色です。

では、学習場面では何を明らかにしていくのでしょうか。だれのどの解釈が正しいのか、ではありません。そもそも唯一の正しい解釈などあり得ないのですから。では、集団で何について考えていくのでしょう。

それは、解釈の妥当性についての検討です。解釈の許容される「範囲」を問題とするのです。出し合った解釈に対して、多くの共感が得られるものはどの辺りまでなのかを明らかにしていきます。

前頁の図では、「暖色系のりんごはいいけれど、寒色系のりんごになるとよくないだろう」や「紫のりんごまではいいが、青のりんごになるといけない」というような感じです。

ことばは、「分かち合うもの」でありながら、ことばを受けたその人の「知識や経験などによって補われる不完全なもの」です。そのため、一つの解釈に対する共感の基準は、同じ物語であっても文化や時代によって異なる場合があります。

例えば、同じ物語でも戦時中に読まれていたときには、戦意を鼓舞するような内容だと解釈されていたものが、現代になると全く違う内容に解釈されることがあります。それは、読み手の経験や生活している社会の状況、価値観が異なるためです。

一方で、同じ文化、同じ時代に生活するわたしたちは、一つの文章から似たような解釈をする傾向にあります。それが解釈の妥当性となります。

例えば、「悲しい」「つらい」「苦しい」ということばは、どれも似た感じのことばではありますが、意味としては別々のものです。しかし、物語の登場人物にとって心から愛する人物が亡くなった場面では、登場人物の心情として多くの人が共感できる解釈であり、妥当な範囲内と言えるでしょう。一方で、「うれしい」という心情は、ほとんどの人が共感できず、妥当な範囲には当てはまりません（何かのために命を投げ出すことが当たり前、それが喜びであるというような社会、価値観のなかでは妥当な範囲に入るかもしれません）。

ステップ1
ステップ2
ステップ3
ステップ4
ステップ5
ステップ6
ステップ7
ステップ8
ステップ9
ステップ10

似たようなことばかりが解釈の妥当な範囲に入るとは限りません。人間の本質を浮き彫りにする文学的文章の場合、文脈や状況によって期待と不安、謝罪と感謝、喜びと悲しみのような相反すると思われる感情が人物の中に複雑に入り交じる場面が数多く描かれます。人の心情は単純ではないのです。

また、共感はできないが、否定もできないという場合もあります。その際に問題になるのが、ことばの着目の仕方やつなぎ方です。どのことばに着目し、どんな解釈をしたのか。それを検討しながら、新たな解釈の可能性について話し合っていくのです。

他者の視点を取り入れる

また、集団で読むことで、他者とのものの見方や考え方の違いを知るとともに、他者の視点を取り入れることができます。

「読む」ことは、本来個別的で、主観的なものですが、学習において個々の解釈や根拠を出し合い、その妥当性の「範囲」を吟味・検討するなかで、多くの他者の解釈を踏まえ、自らの解釈を見直すことができます。

何度も文章を読み返したり、他者の解釈した内容や根拠について検討することで、最初の自分の解釈(主観)を超える解釈が生まれます。そして、最終的に読み手の中に生まれた、文章に対するより明確なイメージや論理的な評価を振り返り、表現させるようにするのです。

それが、自分の「読み」を打ち破っていく活動であり、集団で読むことの楽しさ、喜びにつながっていきます。

授業の最初と最後で解釈や読み方がどのように変化したのか、「見えなかったもの」がなぜ、どのように「見える」ようになったのか、それを本人が実感することが大切です。

自分の好きな物語や場面を紹介するような活動を繰り返すだけでは、最初の自分の解釈や読み方を打ち破ることができません。どのことばに着目して関係付け、どんな解釈をしたのか、どんな視点で考えたのかなどについて話し合い、新たな視点や読み方が見出されるような活動にしていくことが必要です。

そして、そのような互いの解釈の仕方を学び合う学習を集団で繰り返し、考えていくことで、ことばや読むことに対する見方や考え方が身に付いていくのです。

③ 読みの深まりとは?—「読みの意識の三層構造」—

これまで述べてきたように、読むことは読み手の知識や経験、価値観などを基盤として、ことばを関係付け、解釈していく個人的な思考活動です。わたしたちは、読書をする際にそのような一連の思考活動を無自覚的に行っています。学習場面では、集団で読みながら、子どもたちに自分の思考活動を自覚的に行わせるようにします。

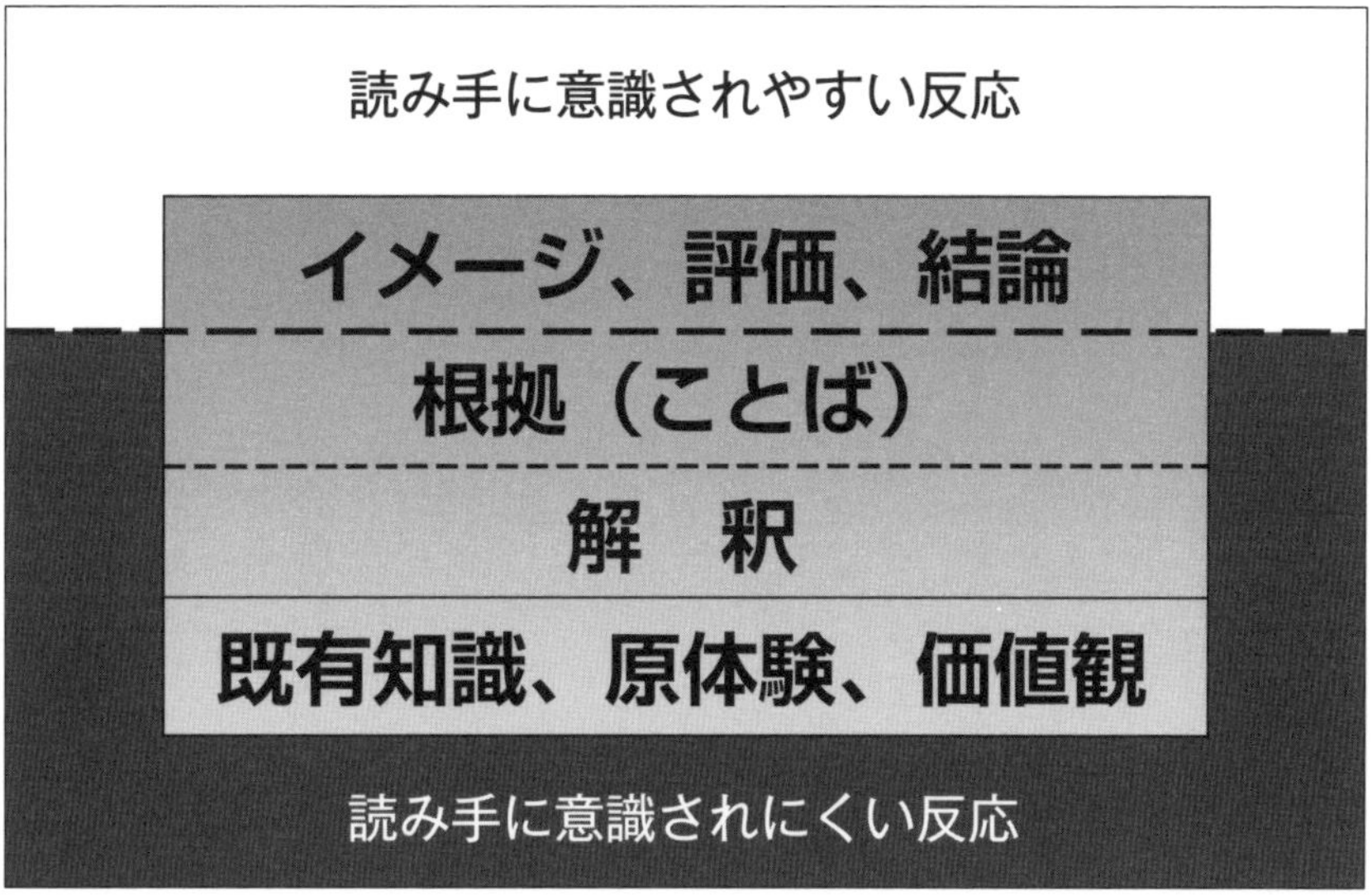

では、子どもの読みをどのように深めていけばいいのでしょうか。

上の図を見てください。これは、読み手の読んでいる状態を図にしたものです。これを「読みの意識の三層構造」としましょう。

初めて文章を読んだ際、読み手に最も意識されやすいものは、一番上の層の物語世界のイメージや物語全体、人物の行動に対する評価などでしょう。そのときのイメージは曖昧としたものであったり、評価も直感的なものであったりします。そして、読み手は、なぜそのようなイメージや評価が自分のなかに湧き上がってきたのかを自覚していません。

そこで「それはなぜか」と問われて、次に意識されるのが、中間の層にある根拠となることばや解釈です。自分のなかに浮かんだイメージや評価が、何によって誘発されたのかを考えると、初めて文章中のことばを意識します。イメージや評価の根拠となることばは、文章中に必ず存在します。読み手のなかで、文章中のことばとことばとがつながり合い、響き合って、イメージや評価を生み出しているのです。そして、それらのことばのつながり（関係付け）の理由を説明したものが、解釈となります。

解釈には、大きく二つの種類があります。一つは、ことばの示す意味内容についての解釈です。例えば、「準優勝」とは何か、示されている事柄やその意味が分かることです。

そして、もう一つは、ことばでは表現されていない部分についての解釈です。これは、ことばとことばのつながりの理由を推論することになります。例えば、「準優勝」をして「涙を流した」のはなぜかを考えるというようなことです。「行間を読む」とも言いますね。

最後に、最も意識されにくいのが、一番下の層にある既有知識や原体験、価値観です。なぜそれらのことば同士を関係付けたのか、なぜそのような解釈になるのかについては、読み手のもつ知識や経験、価値観などが大きく影響しています。着目したことばは自分と同じなのに、他の人の解釈が突飛な感じがしたり、共感できなかったりするのは、この層の知識や経験、価値観などの違いに起因していることがよくあります。

「ごんぎつね」（新美南吉）を例に考えてみましょう。

「ごんぎつね」を読み終えると、多くの読み手の心の中に「何か悲しみに近い感情」が湧き上がってきます。その時点では、読み手はその根拠や理由を意識していません。なぜそのような「何か悲しみに近い感情」が湧き上がってきたのかを問われて（自問して）初めて自分がそう考える根拠や理由について考え始めます。

一番単純な理由では、「ごんが死んでしまったから」と考えるかもしれません。

では、「死んでしまった」とは書かれていないのに、なぜ「死んでしまった」と考えてしまうのでしょう。その根拠となるのは、本文中のどの叙述でしょう。そして、そこからなぜ、ごんが「死んでしまった」と思えるのでしょうか。イメージの根拠となる叙述（ことば）に着目し、その理由となる解釈を考えてみてください。

では、ごんが死んでしまうと、なぜ悲しい気持ちになるのでしょうか。

そう問われると、「毎日、兵十に栗や松茸を届ける」場面や「ひとりぼっちの小ぎつね」と説明される設定場面、「あんないたずらをしなけりゃよかった」と後悔する場面などの叙述（根拠）を挙げて、ごんの心情やその変化、または兵十との関係について説明（解釈）することになるでしょう。

では、さらに「ひとりぼっちのごんが、兵十に対する自らのいたずらを後悔し、兵十への『つぐない』を続けた結果、兵十に撃たれること」が、なぜ悲しいのかと問われると、どうでしょうか。

そうすると、相手を思う気持ちが理解されずに報われないことの悲しさや他者への偏見が生み出す悲劇などを理由に挙げるでしょう。もしかすると、それまで村人にひどいいたずらを続けてきたごんが人間に撃たれても当然と考える読者もいるかもしれません。

そこには、解釈の基盤となっている読み手のもつ既有の知識や類似した経験、価値観などが顔を出しできます。

学習の中で、この「読みの意識の三層構造」を上下に何度も往復しながら、他者の視点を取り入れ、関係付けることばを増やし、解釈を見直していきます。そうして、自らの曖昧だったイメージを明確にしたり、直感的ではなく論理的な評価へと変化させたりしていくことで、読みを深めるとともに、結果的に自身の価値観をも見直すことができるのです。

現在、「主体的・対話的で深い学び」の実現に向けた授業改善が求められています。課題解決の過程の中で、子どもたちが協働的に情報を精査したり知識を関連付けたりしながら、考えを広げ深めていける授業を目指します。

物語の授業でいえば、自己の読みを追究するために、ことばに着目し、話合いを通して、自分の解釈やその読み方を見直す。そして、自己の変化を感じながら、物語に対する自分の考えを見直して表現する。このような一連の活動を繰り返していくことが、大切なのです。

④ 指導の実際「ペガスス」

ペガスス　　中尾安一

はるか
三万年前の　星が
いま　わたしと
たった　いっぽんの
ひかりの　糸で
むすばれている

（平成二〇年度版　教育出版六年下）

上の詩を読んだ五年生の子どもたちに次のような観点で、ノートに感想を書かせました。

○　自分が考える「語り手の感動したこと」。
○　そう思ったのは、どのことばからか。

子どもたちは、自分が感じた「語り手の感動したこと」（頭に思い描いた詩の世界の様子）について自由に記述していきました。そして、根拠となることばを挙げていきました。子どもたちは、「三万年前」、「星」、「ひかりの糸」などのことばに着目しながら、次のような「語り手の感動」を書いていました。

ア　雲の切れ間から差し込む光の美しさ……………………1人
イ　星座を結ぶ星同士の友情の大切さ………………………2人
ウ　ペガスス座の星の美しさ…………………………………5人

エ　三万年前の星の光が今見えること（美しさ、不思議さ）……17人
オ　今と昔がつながっていることのすばらしさ……6人
カ　星がたどってきた年月……2人
キ　分からない……5人

本教材の解釈をするならば、題名との関係を考えながら、**エ**や**オ**のような解釈をさせたいところです。では、なぜ、**ア**、**イ**、**ウ**、**カ**のような考えが出てくるのでしょうか。それは、次のようなことばへの着目や関係付けた解釈の違いによるものでしょう。

○　題名「ペガスス」　↓題名との関係に気付いていない。象徴するものが分からない。
○「三万年前の星」　↓古くから現在まである星という捉え違い。
○「わたし」と「ひかりの糸」　↓星座の図にある星と星を結ぶ線という捉え違い。
○「むすばれている」　↓結婚等の意味の捉え違い。

これらの違いは、「読みの意識の三層構造」でいえば、次のようなことに起因していると考えられます。

下の層（既有知識、原体験、価値観）…　ペガススやペガスス座に関する知識の不足、光の伝わる速さに関する知識の不足。星を見上げ、見ている星に思いを馳せた経験が無いこと。本文と題名の関係に関する知識の不足。

中間の層（ことば、解釈）…　題名の「ペガスス」と「三万年前の星」とのつながりに気付けていないこと。

授業の中ですべての考えについて全体で確かめていくことは難しいので、**ア**の「雲の切れ間から光が差し込む美しさ」という意見を中心に話合いをすることにしました。そうすることで、ペガスス座や光の伝わる速さに関する知識などに関する意見が出され、題名とのつながりにも着目し、子どもたちから本教材の読み方と妥当性のある解釈が生み出されると考えたからです（**イ**の「星座を結ぶ星同士の友情の大切さ」という意見についても話し合いましたが、本書では、紙幅の関係で**ア**の意見についての話合いの場面のみを述べます）。

教師の発問と子どもの反応	○教師の思考　■教師の動き
（**ア**から**キ**までの子どもたちの意見を提示して、自分の考えに近い意見に挙手をさせた。）	○「分からない」と考えた子たちを参加させるために、まずその子たちの意見を聞こう。
T　まず、「分からない」と書いた子たちに聞こう。どのことばを難しいなぁと思ったの。	■意見を聞きながら、出された本文のことばを丸で囲む。
C　「はるか三万年前の星」。	
C　「ひかりの糸」。	
C　なんで、「いまわたしとたったいっぽんのひかりの糸でむすばれている」のか。	○比喩の解釈が分からないんだな。
C　同じです。	■丸で囲んだことばを指す。

T　そうか、じゃあ、今発表した子たちは、このことばの読み方が分かったら、この時間にかしこくなったということだね。よし、いっしょに考えていこう。（発表した子たちがうなずく。）

T　まず、**ア**から**カ**までの意見で、この人の理由が聞きたいという意見はありますか。

C　**ア**の意見っ。（**ア**という意見が多い。）

T　では、○○さん、あなたが着目したことばとそう考えた理由について説明してください。

A　わたしは、「三万年前の星」と「たったいっぽんのひかりの糸で」ということばから、「三万年前っていうと、かなり古いときに生まれた星だと思うから、それを太陽だと思いました。それで、「たったいっぽんの」は、自分の経験から、太陽の光が雲の切れ間から出ていたのを見て、それが太い一本の光の糸みたいだったからそう思いました。

T　どうやら着目したことばは、みんなと同じみたいだね。じゃあ、違う意見の人たちは、○○さんとどこが違うの。

C　太陽だと題名の『ペガスス』が関係していない。

C　わたしもペガサス座のことだと思う。

C　「三万年前の星」は、太陽じゃないと思う。太陽から光

○　分からないことへの自覚が、学習ではまず重要だ。

○　分からなくても、人の話を聞いて読み方が分かればいいことを告げて、安心して学習に参加させよう。

○　おそらく星の光とは関係ない**ア**の意見に集中するだろう。

○　ここは、他の子に予想させずに、本人に説明させて、他の子たちには着目したことばや解釈の違いに集中させよう。

■　本文のことばに線を引く。（丸で囲んだことばと重なる。）

○　やはり自分の経験から解釈していたんだな。

■　線を引いたことばを指す。

○　同じことばに着目しても、つなげたことばや解釈が違うことに気付かせたい。

○　ことばのつなぎ方について言っている。

■　題名に線を引く。

が来るのに三万年もかからない。

C　「三万年前の星」は、地球から約三万光年はなれたペガサス座の星のことだと思う。

T　ペガサス座のことを知っているの。

C　本で見たことがある。でも、ペガススって…。（笑う）

T　実は、ペガサス座という星座があって、ペガスス座とも言うんですよね。ところで、ペガススって何。

C　馬につばさがあって、白くて…。

C　ああ、知ってる。

T　こんな感じかな。どのくらいの速さで飛べるんだろうね。

C　馬に羽が生えているんだから、けっこう速いと思う。

T　うん、速そうだね。ところで、さっき△△君や□□君が、光が来るのに三万年とか、三万光年とか言っていたけど、それって何。

C　（何人かの子が前に出て、黒板に図を書いて「一光年」の説明をする。）

T　なるほど、地球から一光年離れたところにある星の光は、一年後に地球に届いているんだね。
　ということは、三万光年離れた星の光って、いつ届くの。

C　三万年後。

C　ああっ、そうかっ。

○　光の速さについての知識について言っているな。後で扱おう。

■　「三万年前の星」と「ペガスス」を線で結ぶ。

○　ペガサス座についての知識を共有しよう。でも、「ペガスス」ということばについては知らないだろう。説明しよう。

○　知らない子もいる。ペガサスのイメージも共有しないと、光が飛んでくるイメージとつなげられないだろう。

■　黒板に絵を描く。

○　速さのイメージももたせよう。

○　光の速さについての知識を共有しよう。

■　挙手をした子たちに前に出て図を描くことを促す。

○　光が届く時間と距離についてまとめよう。

■　黒板の図を指す。

○　この驚きの声が出たということは、頭の中で

T　題名の「ペガスス」やこの「三万年前の星」「いまわたしとたったいっぽんのひかりの糸でむすばれている」の意味がたくさん出されたね。

ここで、また自分の考えの変化について挙手してもらおう。

(アの意見だった子が、オの意見に手を挙げる。)

ことばのつなぎ方や解釈が変わったということだな。

○　現時点での自分の考えの変化を考えさせよう。

■　アから力までで、今の自分の考えに近い意見に挙手をさせる。

アの意見だったA児は、学習後、自分の読み方について次のように記述しました。

私の読み方は、まちがっていました。「ペガスス」という題名とイメージがつながっていなかったし、ペガスス座という星座があることを知らなかったからです。私の経験から、「三万年前の星」ということばの意味は、古い星、太陽で、「たったいっぽんの」「ひかりの糸で」ということばの意味は、雲の切れ間から差し込む太陽の光と考えたからです。

作者が感動したことは、内容や題名を見て読んだらいいことが分かりました。自分の考え方は、平均的じゃなかったから、今度はもう少し注意して読みたいです。

(※「平均的」ということばは、「妥当」という意味で使っている。)

この児童は、友達との話合いを通して、自分の考えがどこで違っていたのかに気付くとともに、どのように読めばいいのかについての新たな視点を得ることができました。

子どもたちの感じる読むことの楽しさ

以前、私が一年生の頃から継続して国語の授業を担当してきた四年生の子どもたちに対して、国語の授業に関するアンケートを取りました。アンケート結果を見ると、ありがたいことに「国語の授業が楽しいですか」という問いに対して、「とても」が三十二人で、「まあまあ」が七人もいました。そして、どこが楽しいかについても記述してもらいました。

すると、多くの子が「みんなで考えを聞き合い、深く考えること」だと答えていました。私は、これこそが、国語の授業でみんなで読むことの楽しさだと思っています。みんなで読むことの楽しさは、図鑑やパンフレットなどの物を作る楽しさとは違った、自己の考えの深まりやものの見方・考え方を変化させた成長に対する喜びなのです。

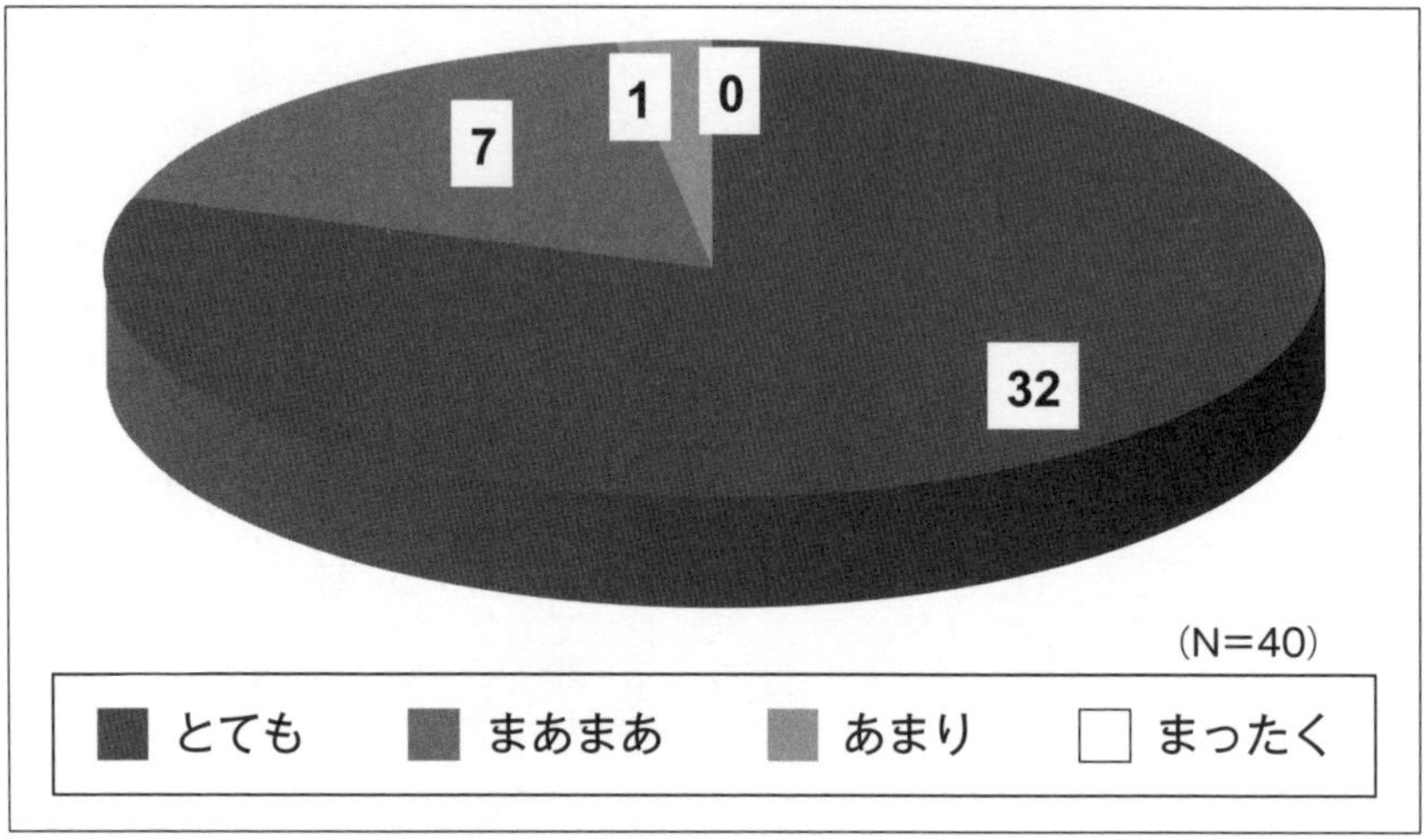

【国語の授業は楽しいですか？】

みんなで考えを聞き合う・話し合う	10
難しい課題を追究する・問い	9
分かりやすい	9
深く考える・じっくり考える	8
先生がわざと全くちがうことを言う	7
笑いがある	7
みんなの感想から授業を考える	3
漢字の学習	3
難しい作品に挑戦する	2
話の続きの想像・日記を書く	1
人の意見が無駄にならない	1
授業が生き生きしている	1
先生のなりきり音読	1

【国語の授業の楽しさは？】 (N =40、複数回答可)

そして、もう一つ、子どもたちに「『文章を読む』とは、どんなことか」についても質問しました。子どもたちは、次のように答えていました。


（「文章を読む」とは？）

文字のとおり読めば真剣に読んでも適当に読んでも「文章を読む」ですが、本当は「文章を読む」というのは、真剣に人物一人一人の気持ちを読み取って、文章の奥深くにある「コク」を引き出すように読むのが、「文章を読む」ことだと思います。


（「文章を読む」とは？）

いろんな立場から文章を読むこと。文章を読むとは、一つ一つこれは○○だな、と考えながら立場を変えて読むこと（これは、かなり読んだとき）。

でも、読み返す回数によっても、「文章を読む」の意味が違う。はじめは、どんな内容かをとらえる。二回目になると、今度はどこからそう感じるのかを考え、三回目以こうは、さらにハードルを高く、なぜそこから感じるのかを考える。

何回も読むと、考えも深くなる。「文章を読む」ということは、こういうこと、プラス、自分の考えが生まれることだと思う。

教師が「読む」ということを理解することで、授業での指導が、子どもたちへの読ませ方を意識したものへと変化します。そして、そのような指導を繰り返し積み重ねていくことで、読み方を意識し、学び合う読みの楽しさと自分の読み方の変容に対する実感をもつ、子どもたちの深い学びへとつながっていくのです。

ポイントのまとめ

- 読むことは、個人的な思考活動だが、集団で読むことで、妥当な解釈の「範囲」を検討し、他者の視点を自分のなかに取り入れて、自分の解釈や考えを見直すことができる。
- 学習の中で「読みの意識の三層構造」を上下に何度も往復しながら、自らの曖昧だったイメージを明確にしたり、直感的ではなく論理的な評価へと変化させたりしていく。

ステップ
3

教材研究1　教材を分析・解釈してみよう

①　教材研究のスタートは？

みなさんは、教材研究を始めるとき、何から読むでしょうか。児童用の教科書？　教師用の朱書き入りの教科書？　教科書の指導書？

教材研究のスタートなのだからと、あまり意識せずに、教科書の指導書から開いているという先生方も少なくないでしょう。

私も教師になったばかりの頃は、教師用の教科書や教科書用指導書から読んでいました。日々の授業の準備に追われ、何を指導しなければならないのか、どのように指導すればいいのかがすぐに分かる指導書は、大変便利でした。指導書の通りに授業を行っていけばいいわけですから、授業準備が間に合わないときには、指導書を見ながら授業をしていたことさえありました。

しかし、そのような授業づくりを繰り返していても、授業力は全く高められません。

まず第一に、自分の力で教材を分析し、教材の価値や教材の読み方を見出すことができなくなります。

どの語句が重要なのか、本文中のことばがどのようにつながり合っているのかを考えることなく、指導書から与えられた情報や示された展開例で授業をつくっていくことで、教材を分析する力を高める機会を自ら無くしてしまっているのです。

第二に、今指導している学年の内容と他の学年の内容とのつながりが見えにくくなります。指導書には、他の学年とのつながりが見えるようにその系統性が説明されていますが、やはり受け身的に指導書からの情報を受け取ることを繰り返していても、自分のなかに各学年とのつながりを意識した文学教材の指導の系統性のようなものは、なかなか形成されません。

そして何よりも、そのような授業を繰り返していると、子どもたちが心から読むことを楽しむ授業をつくることはできないでしょう。なぜなら、指導書の「何を指導すべきか」という視点からスタートする授業づくりは、どうしても指導者の目線からの授業になってしまうからです。

文学教材を読む子どもたちは、学習者としてよりも読者として物語と出合います。話の展開や登場人物に対して様々なことを心に感じながら、学習をスタートさせるわけです。その心の動きを指導者である教師は理解しておく必要があります。「何を指導すべきか」の前に、「この物語から読者は何を感じるか、それはなぜか」を考え、指導すべき内容とつなげていく。そうすることで、読者である子どもたちの立場に立った授業を展開していくことが可能になります。

では、教材研究をどのように始めればいいのでしょうか。

それは、はじめに児童用の教科書を読むことです。指導すべきことが書かれていない文章を読んで、心に感じたことの根拠と理由を文章の中に探したり、教材文の構造や特性を考えたりします。同時に、子どもたちの実態から、解釈に差異が出ると思われる箇所やその理由について考えることも重要です。そうして、後から自分が考えたことがどうだったのか、教師用の教科書や教科書用指導書で確かめるようにするのです。

しかし、その教材だけで特性が見えてくるかというとそうではありません。そのためには、比べるための「ものさし」が必要です。

わたしたちは初めて出会ったものの特徴を捉えたり、何かの特性を見出そうとするとき、無意識的にこれまで出会ったことのある似たものと比べようとします。例えば、今まで見たこともないトンボを見つけたとき、自分の知っているトンボの特徴と比べて、どこが違うのかを見つけようとします。また、自分の住んでいる県の特徴を説明する際には、他県と比べて他にはない特徴を挙げてそのよさをアピールするでしょう。ものの長さや重さも、メートルやキログラムという普遍単位に照らして測定します。

つまり、ものの特徴をつかむためには、何かに照らしたり、比べたりしなければ捉えられないのです。

そこで、一般的な物語の構造モデルを「ものさし」として用い、その物語の特性を見出します。

教材研究のスタートを児童用の教科書を読むことから始める。

そうして、自分の中に生まれた感情や感動がなぜ生まれたのかを見つめ、その根拠となる叙述や理由となる解釈について考え、子どもたちの解釈の可能性について検討する。

そのとき、教材の構造がどのようになっているのか、教材（本書の場合は、物語教材）の一般的なモ

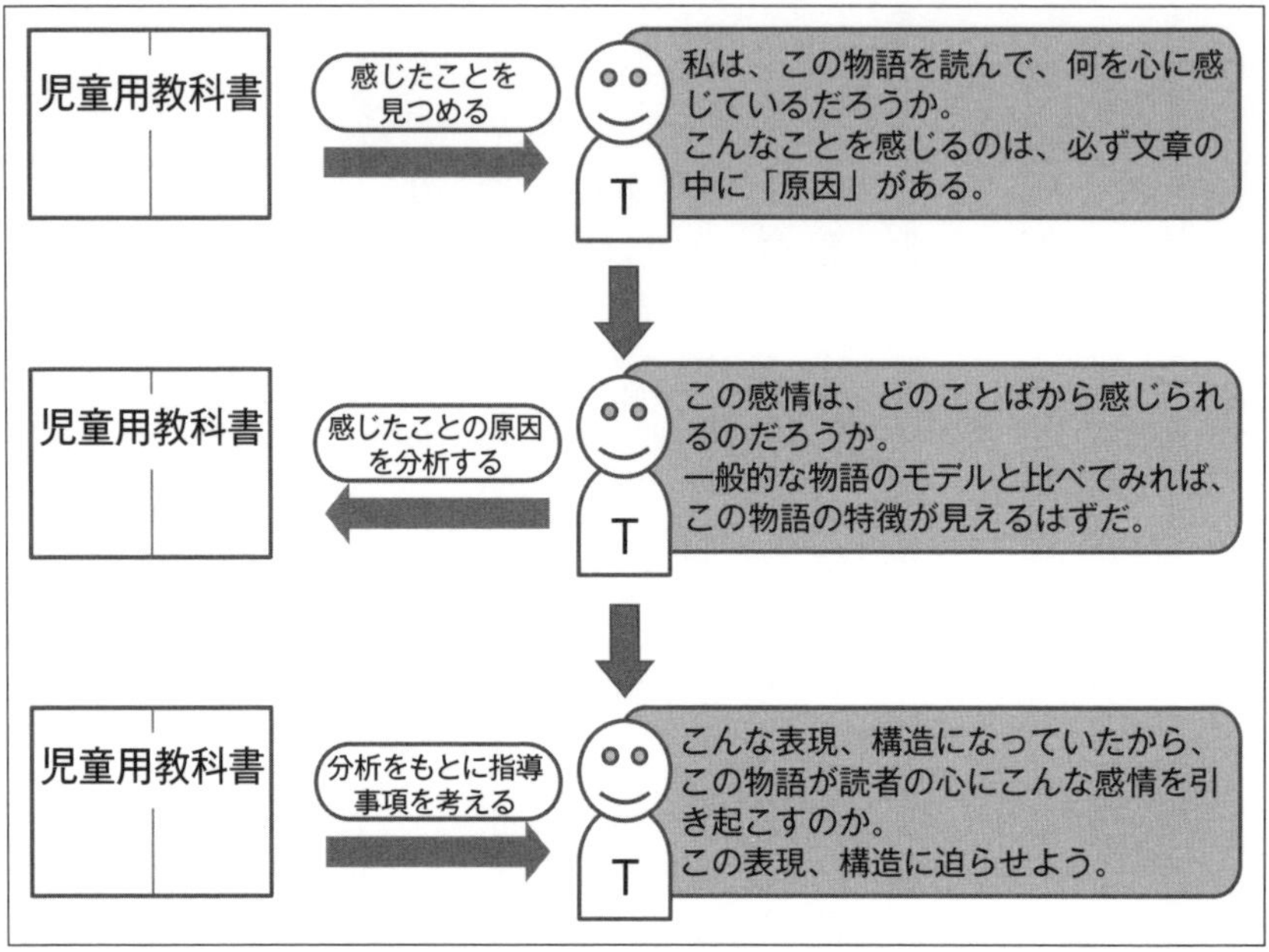

デルを「ものさし」として当ててみる。

そうすると、その教材の特徴が見え、自分の中に生まれた感情や感動の要因となったことばが見えてくる。

そのようなプロセスを繰り返していくことで、その教材を読む際に着目すべきことばを見出す力が付き、自力で教材を分析することができるとともに、読者感覚に近い授業を構想できるようになります。

国語科の授業で、教師は子どもたちに自分の考えが文章中のどのような表現から生み出されたのかを発言させようとします。しかし、それをさせるには、かなり高度な能力を必要とします。

そのような力を身に付けさせるためには、まず教師自身が自分の考えを見つめて教材を分析する力を付けておく必要があります。

そうして初めて、学習者の目線に合わせた授業を構想することができるのです。

② 物語の一般的なモデルとは？

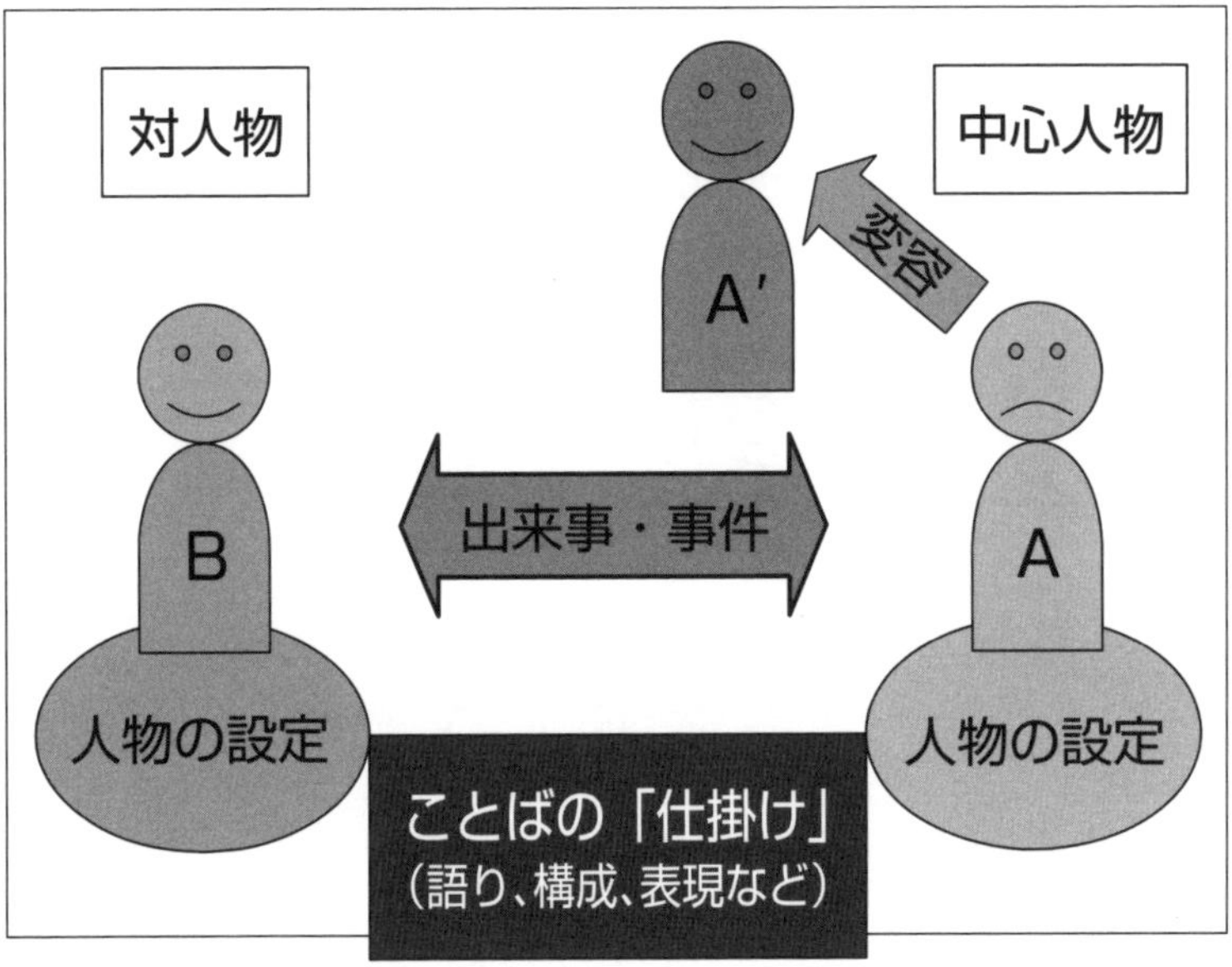

それでは、教材を読むための「ものさし」となる物語の一般的なモデルについて考えてみましょう。

物語とは何を語っているのでしょうか。物語で描かれるのは、「変化」です。

貧しい暮らしをしていた正直な人物が大金持ちになる、勇気を出せなかった少年が勇ましい行動をする、相手のことをいまいましいと思っていた人物がその相手の存在を認めるようになる―、などのように、物語の中では最初に述べられる人物の置かれた状況や人物のものの見方・考え方が、劇的に変化する様子が描かれます。

そして、私たち読者は、その変化に驚いたり感動したりしながら物語を楽しんでいます。

その状況や人物の変化は、何によってもたらされるのでしょう。それは、変容が描かれる中心的な人物に対して、大きな影響を与える「対人物」との関わりによってもたらされます。

中心人物（A）が、対人物（B）と出会い、出来事や事件を経験することによって、大きく（A′）へと変化・変容する。このような変化の様子について、書き手が、ことばの「仕掛け（表現、構成、語りなど）」を駆使することによって、読み手の感動を引き起こしていくのです。

今、説明したような変化について、一般的な物語では、次頁の図のように時系列で述べていきます。そして、物語の基本的なつくりとして、「起承転結」という構成があります。

起承転結とは、もともとは漢詩の構成を指したものです。現在では文章構成などにも用いられています。物語を読む際には、どこが「起」で、どこが「承」かというようなまとまりを考えるよりも、そのつながりを考えることが重要です。

「起」は、話の始まり、きっかけです。物語では、舞台設定や中心人物の人物像（どんなものの見方をしているか）、その人物の置かれている状況などが語られます。「転」や「結」で大きく変わる状況や人物のものの見方につながる設定について説明される場面です。

「承」は、「起」を承けて、話が少しずつ盛り上がってきます。中心人物が置かれている状況のなかで行動し、対人物との出会いを経験します。ここで、中心人物はあまり変化しているようには見えませんが、人物のなかでは、後の「転」「結」での大きな変化につながる小さな変化が起こっており、それが伏線として語られていることがあります。

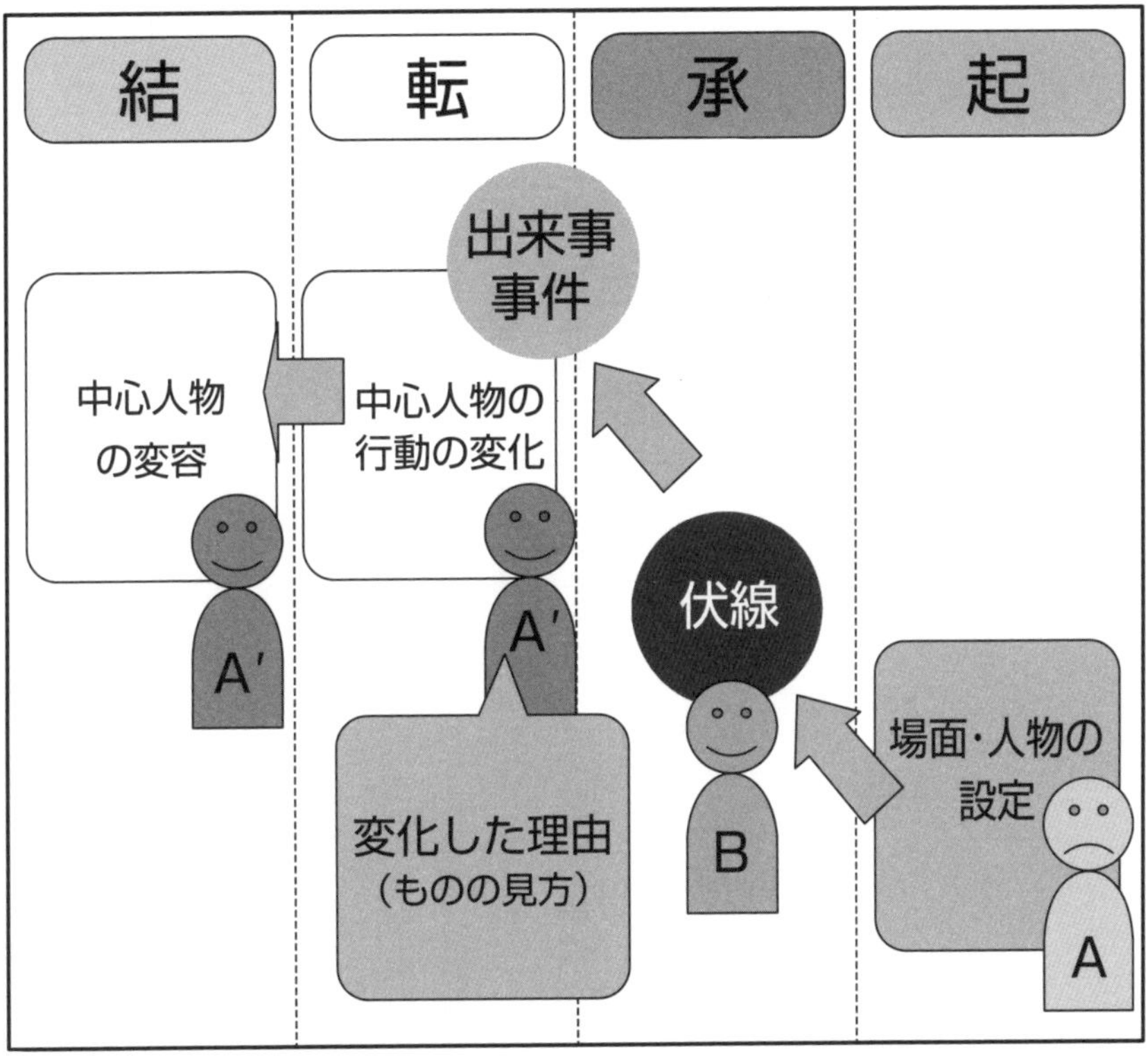

「転」では、話の流れが変わります。「承」までの話の流れを考えれば、当然こうなるだろうと読み手が考えていたものとは違う方向に話が展開します。中心人物に大きな出来事・事件が起こり、その言動が大きく変化します。物語を初めて読んだ際に、読み手の心に印象強く残る場面です。

中心人物の言動が変化した理由として、対人物との関わりや中心人物のものの見方の変化があり、その変化したものの見方を物語が強く訴えかけてくるメッセージ（主題）として感じ取る読み手も多いようです。

「結」は、話の結末です。「転」を承けて、中心人物の変容した姿が述べられます。後譚のように描かれ、「起」の場面とは対照的な状況や中心人物の姿が語られる場面です。

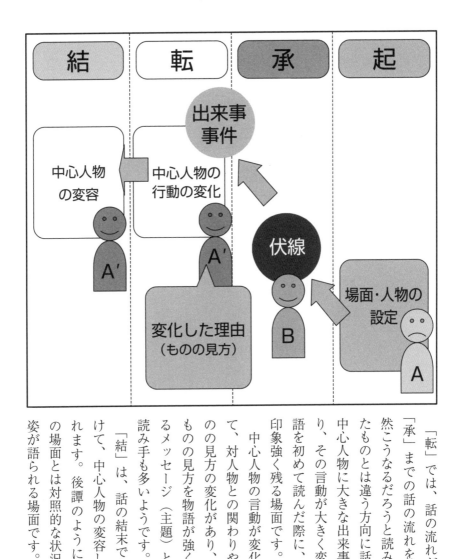

このような一般的な物語のモデルを教材分析の「ものさし」として、教材と比較しながら読んでいくと、場面のつながりや重要なことば、その教材の特性が見えてきて、物語を読んで心を揺さぶられた「理由」が見えてくるのです。

また同時に、その教材を使って学習する子どもたちの発達段階や学習の状況も考慮し、「あの子たちにこの教材と出合わせる価値は何だろう」「あの子たちだったらこんな読み方をするかな」「ここは考えさせる必要があるな」などのようなことを考えながら教材を分析する必要があります。

新学習指導要領では、低学年で「場面の様子や登場人物など、内容の大体を捉えること」「場面の様子に着目して、登場人物の行動を具体的に想像すること」、中学年で「登場人物の行動や気持ちなどについて、叙述を基に捉えること」、「登場人物の気持ちの変化や性格、情景について、場面の移り変わりと結び付けて具体的に想像すること」、高学年で「登場人物の相互関係や心情などについて、描写を基に捉えること」「人物像や物語などの全体像を具体的に想像したり、表現の効果を考えたりすること」などが求められます。それぞれの「場面」の読みから「場面のつながりと変化」へ、そして「人物相互の関係、表現の効果と自分の考え」へと高まっていきます。これも教材を分析する際の重要な「ものさし」です。

③ その他の教材分析・解釈の視点

教材によっては、次のような視点からも分析・解釈を行っていきます。

繰り返しと変化・対比

繰り返しは、多くの物語で用いられています。着目するポイントは、同じような状況が何度か繰り返されるなかに見られる変化です。変化は対比することで浮かび上がってきます。例えば、「おおきなかぶ」でのかぶを引く人物、「お手紙」でがまくんとかえるくんが玄関前に座る最初と最後の場面の二人の心情、「注文の多い料理店」で次々と出てくる注文を読む二人の紳士の心情、「やまなし」の五月と十二月で水中に飛び込んでくるものなどです。

音声化

何気なく読んでいることばでも音声化することで、改めてその意味が自覚されることがあります。例えば、「お手紙」に二回出てくる「ああ」ということばや「ちいちゃんのかげおくり」の「お母ちゃんとお兄ちゃんは、きっと帰ってくるよ」というちいちゃんのことば、「ごんぎつね」で加助の話に兵十が応える「うん」という返事など、そのことばの強弱や抑揚で人物の心情は大きく変わってきます。

矛盾

物語には、ときに一見すると矛盾するかのような人物の言動が見られます。そこには、人間の本質が描かれており、その姿に読者は心を動かされます。例えば、「一つの花」のお父さんを見送るお母さんの「ゆみちゃん、いいわねえ。お父ちゃん、兵隊ちゃんになるんだって。ばんざあいって―」ということば。本当は戦争に行ってほしくないお母さんが、なぜ「いいわねえ」と言うのか、その矛盾の理由を考えることでお母さんの家族に対する思いが見えてきます。

比喩・象徴

物語では、比喩を効果的に用いて、読者のなかにイメージを鮮やかに描かせます。「白いぼうし」の最後で松井さんに聞こえてきた「シャボン玉のはじけるような」大きさの声、「スイミー」で「ミサイルみたいにつっこんできた」まぐろにスイミーたちが感じた恐怖などです。また、「わらぐつの中の神様」の神様、「やまなし」のやまなしなど、物語のメッセージを象徴的に感じさせることばもあります。

人物の比較・場面の意味

物語に登場する人物や描かれる場面には、必ず意味があります。似たように思える人物でも比較することで見えてくる違いの意味を考えたり、場面があることで見えてくる意味について考えます。例えば、「手ぶくろを買いに」では、「ぼうし屋さん」と「親子」を「知る」ことで、子ぎつねは人間を「こわくない」と感じるようになりますが、「ぼうし屋さん」と「親子」のどちらか一つではいけないのかを考えることで、物語における両者の役割やそれぞれの場面の意味が見えてきます。

語られていないこと・情景

物語では、意図的に語られない場合があります。それは、その後の物語の展開を想像して読んだり、読んだ後に余韻を感じたりさせるためであると考えられます。例えば、「海の命」の最初の場面でおとうの死を知った太一の心情、「泣いた赤おに」の最後の場面で泣いている赤鬼の心情、「ごんぎつね」で撃たれた後に兵十のことばにうなずくごんの心情などです。また、語り手が情景を通して間接的に語っている場合もあります。

④ 教材分析・解釈の実際「大造じいさんとがん」

「大造じいさんとがん」（椋鳩十）をもとに教材分析・解釈を簡単にやってみましょう。

まずは、最初に児童用の教科書を読んでみましょう。

「大造じいさんとがん」の場合、教科書によっては「前書」の有るものと無いものがあり、前書きの有無は、大造じいさんの設定や物語の世界に大きな影響を与えますが、ここでは前書きのない場合のテキスト（東京書籍版）で考えてみましょう。

「大造じいさんとがん」を読むと、まず残雪を撃たなかった大造じいさんの行動に驚かされるとともに、最後の大造じいさんの姿に何か清々しさのようなものを感じます。

なぜ、私たちは、「大造じいさんとがん」を読んで、驚きや清々しさのようなものを覚えるのでしょう。残雪に対して、大造じいさんの考え方はどのように変容していったのでしょう。

そこで、一般的な物語モデルの「ものさし」を当てて考えてみます。

「起」は話の始まり、きっかけで、物語の舞台や中心人物の人物像（どんなものの見方をしているか）、その人物の置かれている状況などが語られます。

この設定がしっかり理解されていなければ、その後の状況や人物の変化に気付くことができません。

「大造じいさんとがん」の舞台は明確には語られませんが、がん狩りが許されていた時代の話で、毎

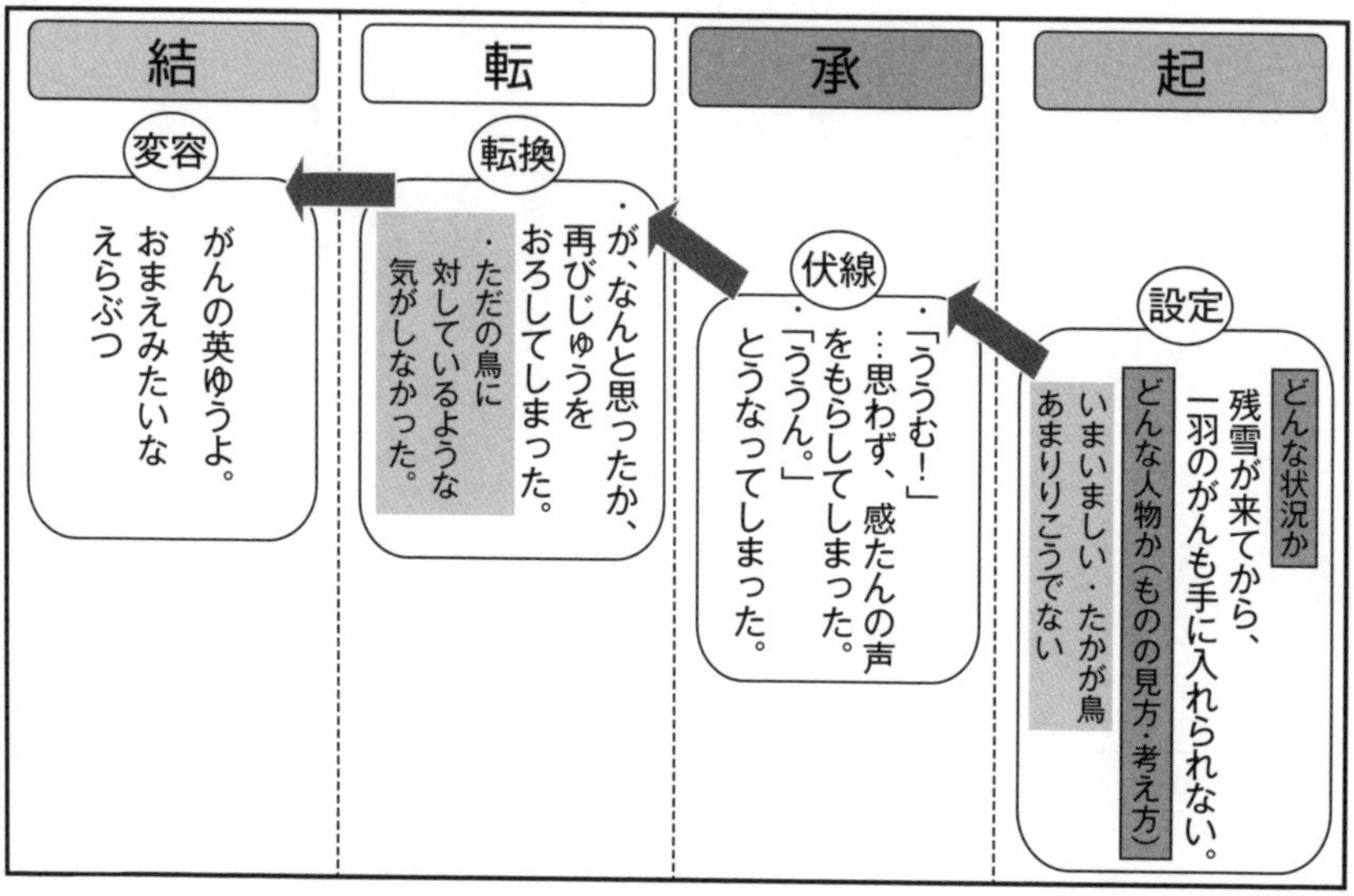

年がんの群れが渡ってくる沼地を中心に物語が展開します。

大造じいさんは、狩人です。このことも明示されてはいません。しかし、「かりゅうどたち」「かり場にしていた」「一羽のがんも手に入れることができなくなった」「りょうじゅう」「長年の経験」などの叙述から判断することができます。また、狩人とはどんな人のことをいうのかについても理解しておく必要があります。

大造じいさんは、狩場にしていた沼地に残雪が来るようになって以来、一羽のがんも手に入れることができなくなっている状況に置かれています。このとき、狩人という設定が分からなければ、大造じいさんにとって大変な状況であることが理解できないでしょう。

では、大造じいさんの「ものの見方」についてはどうでしょうか。残雪に対する大造じいさんの見方について述べられているところが三か所あります。それは、「いまいましく思っていました」「たかが鳥」「がんとかカモとかいう鳥は、鳥類の中で、あまりりこうなほうではない」ということばです。

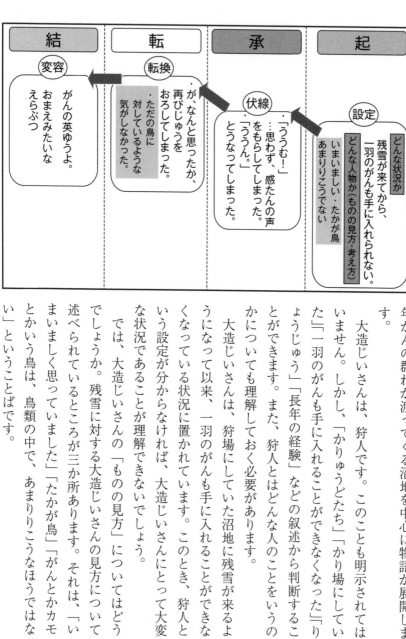

その大造じいさんの見方が、「転」で大きく変化します。読み手にとっては、意外な展開です。初読の感想でも多くの児童がこの場面について書きます。

では、どの場面で大造じいさんは変化するのでしょうか。この物語を読んだ子どもたちの意見は、大きく次の二つに分かれることが予想されます。

残雪を撃つ絶好のチャンスに、再び銃を下ろした場面、そして、傷ついた残雪と向かい合う場面です。一体、どちらの場面で大造じいさんは、決定的に変化したのでしょうか。それは、後者です。

その理由は、「起」と「転」のつながりを考えることで見えてきます。設定を見直してみましょう。この物語の中で大きく変わるのは、人物のものの見方です。最初に大造じいさんは、残雪のことを「いまいましく」「たかが鳥」「あまりりこうなほうではない」と考えていました。それが、傷ついた残雪と向かい合う場面では、「強く心を打たれて、ただの鳥に対しているような気がしませんでした」と書いてあります。大造じいさんが残雪に対する見方を大きく変化させ、自覚した瞬間です。

再び銃を下ろした場面は、その変化の「起点」となっています。おとりのがんを助けるために突然出てきた残雪に対し、大造じいさんが何かを思ったのか（後に読者には見えてきますが）、行動を変化させます。銃を下ろした場面の直後には、「残雪の目には人間もはやぶさもありませんでした。」とあり、残雪の行動の意味を理解したところから、大造じいさんの残雪に対する見方が大きく変わりはじめるのです。

対人物である残雪の命がけで仲間を救おうとする姿、そして最期のときを感じながらも頭領としての威厳を傷つけまいとする二つの姿が、大造じいさんの残雪に対する見方を大きく変化させます。

では、大造じいさんの変化は突然起きたのでしょうか。そうではありません。人物が突然変わるのであれば、物語としてそれまで述べてきたことの必要性がなくなってしまいます。

「起」や「承」とのつながりを考えてみましょう。すると、「ううむ。」と思わず感嘆（感心してほめたたえること）の声をもらし、「どうしてなかなか、あの小さい頭の中に、たいしたちえをもっている」と感じたり、「ううん。」とうなってしまったりしています。

大造じいさんは、残雪との関わりの中で少しずつ残雪に対する見方を変化させてきているのです。

最後に、「結」です。大造じいさんは、残雪に対する呼称を変化させています。最初は「たかが鳥」としか考えていなかったものが、「がんの英雄」「おまえみたいなえらぶつ」と呼ぶようになり、残雪の存在を認めるようになっています。

それと同時に、大造じいさんの「ひきょうなやり方でやっつけたかあない」ということばから、「転」で残雪を撃たなかった理由も見えてきます。

繰り返しと変化・対比にも着目してみましょう。物語では、残雪に挑む大造じいさんの姿が繰り返し描かれます。大造じいさんは、毎回周到な準備を行って自信をみなぎらせますが、その計略は悉く失敗していきます。それらを比較してみると、単なる繰り返しではなく、大造じいさんの残雪を破ることへの執念や失敗に終わった後の残雪に対する見方などに変化が見えてきます。

「ううむ。」と「思わず感嘆の声をもらしてしま」った感じや「ううん。」と広い沼地の向こうをじっと見つめて「うなってしま」った感じを音声化してみると、その変化はさらに明確になってくるでしょう。

矛盾もあります。あんなにいまいましく思っていた残雪を撃つ絶好のチャンスなのに、大造じいさんは猟銃の引き金を引きません。それだけではなく、傷ついた残雪を手当てして、また戦うつもりで逃がしてしまうのです。なぜそんなことをするのか、読み手には、そこに物語のメッセージがあるように感じられます。

場面の意味について考えてみましょう。例えば、前書きがある場合、前書きは、物語にどのような影響を与えるでしょうか。前書きには、狩人仲間に親しまれる、話し上手な七十二歳の大造じいさんが描かれています。そして、三十五、六年前の残雪とのエピソードを「愉快なかりの話」の一つとしてイノシシ狩りの仲間に話すのです。その場合、物語における残雪と大造じいさんの戦いは、力強い壮年の狩人である大造じいさんが、生活を懸けて戦うというよりは、残雪との知恵比べの「挑戦」を楽しんでいるかのような印象を与えます。

情景も多くの場面で描かれています。語り手は、その場面の大造じいさんの心理状態を場面の「様子」で語っています。大造じいさんの心情の流れを考えるためには、情景描写について考えることは不可欠な教材です。

ここでは、一般的な物語のモデルに照らして読み、教材の物語の構造（つながり）や特徴、子どもたちの解釈の傾向などについて大まかに考えていきました。実際は、授業の中で着目させるべき重要な語句などについてもさらに詳しく分析・解釈していくようにします。

⑤ 指導目標を設定しよう

教材の分析・解釈を終えたら、授業での指導目標を設定します。本来ならば、児童の実態に応じた指導目標が決まり、それに合った教材を精選していくべきなのでしょうが、多くの場合、授業では取り扱う教材が決まっています。また、教科書用の指導書には、その単元で身に付けさせるべき目標が明示してあります。

指導者は、教材を分析した上で、学習指導要領と照らして系統性を考えながら、児童の実態と教材の特性から具体的な指導目標を設定していく必要があります。教材の「何を」子どもたちに読み取らせるのか、どのような「視点」や「思考の方法」で読ませるのか、という学習内容を決定するのです。

その際に大切なのは、教師が分析・解釈した内容や方法のすべてを子どもたちに読ませようとしないことです。目の前の子どもたちの発達段階や状況から、どこまで求めるのかを判断しなければなりません。

その判断のための「ものさし」として学習指導要領があります。学習指導要領に示された低・中・高学年の目標から、該当の学年のその教材で何を目指すのかを具体化していく必要があります。

また、子どもたちの発達段階と分析・解釈した教材の特性とを照らし合わせ、物語の「テーマ性」や「構造」などの面から、その学年でその教材を取り扱う意味についても考えておきたいものです。

例えば、光村図書の教科書では、三年生で「ちいちゃんのかげおくり」（あまんきみこ）、四年生で「一つの花」（今西祐行）を取り扱います。一見、同じような題材やテーマの物語に見えますが、なぜこの順序で学習するのでしょうか。

その理由は様々考えられますが、その理由の一つに、誰の立場から考えなければならないか、という問題があります。「ちいちゃんのかげおくり」は、主に幼いちいちゃんの視点から語られ、学習では必然的に幼いちいちゃんの心情に迫る読み方になり、子どもたちにとっては比較的考えやすい対象です。

しかし、「一つの花」では、戦争という状況をよく理解していないゆみ子の立場で考えても仕方がありません。この物語で中心となるのは、ゆみ子を見守る両親の思いです。つまり、子どもたちは自分とは違う父や母の立場から人物の心情を推し量らなければならなくなります。

これは、低学年から進級して間もない頃の三年生にとっては高度な活動になります。やはり、中学年後半で考えさせる方が相応しいでしょう。

これらのような観点から、指導目標を考えていきます。そうして、最後に教科書用指導書や朱書き入りの教科書を開いて、指導目標や重要語句などを確かめたり参考にしたりすることで、教材分析・解釈の感覚が磨かれていくのです。

ポイントのまとめ

- 教材の分析・解釈は、児童用の教科書を読むことから始め、読者として感じたことが、本文のどのことばから生まれたものかを分析するようにする。
- 一般的な物語のモデルを「ものさし」にして教材を読みながら、教材の構造や特徴、着目すべきことばを考え、児童の発達段階を考慮して指導目標を設定する。

ステップ
4

教材研究2 指導方法を構想しよう

① どのように読ませるか

ステップ3の最後に指導目標について考えました。これから、指導方法について構想をしていきますが、その前に「どのように読ませるか」についてもう少し考えてみたいと思います。

ステップ2で「読む」ということは、ことばを関係付け、その間を解釈で埋めることだと述べました。では、関係付けることばを見つけ出せるようになるには、どのようにすればいいのでしょうか。

それには、ことばに着目するための「視点」と、ことばをもとに考えていくための「思考の方法」について知っておく必要があります。

例えば、人物の心情を考える場合、わたしたちはどのようなことばに目を向けるでしょうか。それには、次のようなものが考えられるでしょう。

① 人物の気持ちが直截に語られていることば
② 人物の会話文
③ 人物の行動
④ 情景

これらのようなことばに人物の心情が表れていることを知っていると、すぐにことばを見つけることができます。このような文章中のどのことばに目を向ければよいかについての知識が、ことばに着目するための「視点」となります。他にも比喩や象徴、題名、起承転結など、物語を読む際のどのような場合にどのような視点でことばに着目していけばいいのかを知識（用語）として身に付けさせる必要があります。

また、人物の心の動きなどについて考えるための「思考の方法」を経験的に学ばせることも必要です。例えば、「つなぐ」「比べる」「仮定する」などの考え方です。

「ごんぎつね」（新美南吉）の場合では、次のような思考の方法を使う場面が考えられます。

○　つなぐ　…　ごんの兵十に気付いてほしい気持ちを考えるために、ごんの行動の「兵十のかげぼしをふみふみ行きました。」とごんのことばの「へえ、こいつはつまらないな。」をつないで推論する。

○　比べる　…　兵十の受けた衝撃の強さについて考えるために、兵十のことばの「ごん、おまいだったのか、いつも、くりをくれたのは。」と倒置法を使わない「ごん、いつもくりをくれたのは、おまいだったのか。」を比較して、その効果を考える。

○　仮定する　…　ごんの置かれている状況について考えるために、「もし、ごんが兵十の前に自分から出て行ったら」と仮定して、物語の叙述をもとに兵十の行動を想像する。

このような「思考の方法」について、物語を読み深める様々な場面で経験したり身に付けたりしておくことで、表現の効果に気付いたりより強いことばの関係付けに気付いたりすることができます。

■視点…　「～を読み取るには、文章の…の言葉に着目したらいい」という着眼点

（例）

・「場面の様子を読み取るには、時（いつ）、場（どこで）、登場人物（だれが）、行動（何をしている）の言葉に着目したらいい」
・「人物の気持ち（変化）を読み取るには、気持ちの言葉、会話文、行動、情景の言葉に着目したらいい」
・「物語に込められた書き手の思いを考えるには、題名や人物の変化のきっかけとなる出来事、対人物の言葉に着目したらいい」
・「読み手の読後感が生まれる理由について考えるには、人物の言動だけでなく、場面構成や情景描写などの表現の効果にも着目したらいい」　など

■言語知識…　語や語句、場面構成、表現方法などに関する知識

（例）

○低学年…　題名、時間を表す言葉、場所を表す言葉、登場人物、場面、会話文、地の文
○中学年…　あらすじ、心情、行動、語り手、作者、比喩、しかけ、情景
○高学年…　人物関係、場面構成（起承転結）、象徴、主題　など

■思考の方法…　ことばから考えを生み出すための考え方

（例）
・言葉と経験と**つなぐ**
「私にも同じようなことがあって、この言葉の意味は…」
・言葉と言葉を**つなぐ**
「この言葉とこの言葉から、きっと人物の気持ちは…」
・言葉と題名を**つなぐ**
「この言葉から、この題名にした理由は…」
・場面と場面を**つなぐ**
「前の場面で…だったから、この場面では…」
・物語と物語を**つなぐ**
「二つの物語から、大切だと感じたことは…」
・言葉と作者を**つなぐ**
「この言葉から、作者が大切にしている思いは…」
・言葉と言葉を**比べる**
「違う表現の言葉と比べると、本文にある言葉の方が…」
・場面と場面を**比べる**
「二つの場面の共通点と相違点は…」
・人物と人物を**比べる**
「二人の登場人物を比べて、違うところは…」
・物語と物語を**比べる**
「二つの物語を比べて、違う点は…」
・そうでない場合を**仮定する**
「もし、人物の気持ちが違っていたら、きっと…」
・自分の場合を**仮定する**
「もし、自分だったら…」　など

※他にも音声化や動作化などから考えを生み出す方法もあります。

② 単元を構想しよう

一単位時間の授業の充実を図る目標を設定する

単元を構想する場合、みなさんは何から考え始めますか。設定する言語活動でしょうか。様々な構想の仕方はあるでしょうが、私はまず設定した指導目標から物語を読み深める場面を中心に考えます。その理由は、学習の充実は単元レベルではなく、それぞれの一単位時間の授業の充実にかかっているからです。

まず、物語を読み深めるために単元の中で扱うべきポイントは何でしょうか。

物語で描かれるのは、「変化」です。多くの読者の関心もそこに集中します。少ない時数で物語を読み深める場合、子どもたちに考えさせるべきポイントは、「設定」と「変化」になります。中心人物は、もともとどんな見方をする人物だったのか、それがどこで、どのように、なぜ変化したのかについて考えさせます。人物ではなく、状況が変化する場合もあるでしょう。

そして、教材の特性や時数の余裕に応じて、「対人物」「伏線」「結末」などについて考える時間を単元の中に設定していきます。

次に、一単位時間の授業を充実させるために、分析した教材の特性や設定した指導目標から、それぞれの時間における「視点」や「思考の方法」を具体化し、その時間の明確な目標を設定します。単元を通して同じ「視点」や「思考の方法」で読み深めていく場合、「〇〇の心の変化について…に着目して（…を比べながら）読み深めよう」というように単元の学習課題として設定することもできます。

そして、その際に重要なのは、教材の分析をもとに、それぞれの時間に学習者である子どもたちが気付けないことは何か、恣意的に読む傾向にあるのはどこかについて検討し、その解決方法として構想した「視点」や「思考の方法」が機能するのかを吟味することです。

作業や発表だけで終わる授業では、子どもたちは最初の読みを打ち破り、自らの変容を実感することはできません。一時間、一時間の授業の中で、子どもたちが気付けていなかったことに気付いていくことが重要であり、「視点」や「思考の方法」によって「見えなかった」ものが「見える」ようになったと実感した経験が、読むことへの意欲を高め、読み方を身に付け、自分にとっての物語の意味を考える深い学びへとつながっていきます。

例えば、「お手紙」（アーノルド＝ローベル、光村図書二年下）では、「がまくんのために手紙を書いたかえるくんは優しいな」「がまくんはかえるくんが友だちでうれしいだろうな」という子どもたちの初読の感想が予想されます。そこで、単元を通して「二人のお互いを思う気持ち」について「二人の言ったこと（会話）やしたこと（行動）のことば」から「比べて考える」という「視点」と「思考の方法」で読ませていくことにします。

「設定」場面の「ふたりとも、かなしい気分で、げんかんの前にこしを下ろしていました。」というところでは、子どもたちはかえるくんががまくんと同じ理由で悲しいのだと解釈してしまいがちです。しかし、かえるくんは、友達のがまくんが悲しい気持ちで手紙を待っていることが、悲しいのです。

そこで、その時間の目標を「二人の『会話』や『行動』の様子を想像して比較し、玄関の前に腰を下ろしているかえるくんとがまくんの悲しい気分の理由の違いに気付くこと」とします。

二年生の子どもたちは、最終的にどんな表現ができていればいいでしょうか。「がまくんはお手紙が来なくてかなしいと言っているけれど、かえるくんはがまくんのことが心ぱいで、がまくんがかなしい気分だから、かなしくなっていることがわかりました。」というように、二人を「比べ」ながら、かえるくんががまくんを思って悲しい気分になっていることが書かれていれば、目標を達成しているとします（最終的に子どもがどんな表現をしていたらいいのかという評価の基準を明確にしておくことが大切です）。そして、子どもたちの解釈が最初のものから深まっていくとともに、「言ったことやしたことで読んだら考えられた」「二人をくらべたらちがいがわかった」という読み方に対する有効性や満足感を得られるように、教師の手立てを計画しておかなければなりません。

単元を通した活動方法を考える＝子どもの目的意識と表現方法を考える

分析した教材の特性から、一単位時間の「視点」や「思考の方法」、一単位時間ごとの目標を設定したら、単元を通してどのような課題解決的な活動で取り組ませていくのかについて考えてみましょう。

活動を考えるというのは、考えさせるべき内容を、どんな目的意識、課題意識で、どのように表現させていくのかを考えていくことです。強い目的意識や課題意識をもった子たちが表現し合うことで、そこに生じた考えの違いから自然と対話が起こってきます。

教師が子どもたちに表現させる目的は指導目標を達成させるためですが、子どもたちが「表現」する目的は次のいずれかになります。

一つは自分の考えを明確にしたり見直して整理したりする意味理解のための表現、もう一つが他者に伝えるための表現です。

単元で考えた場合、教材の特性が「ごんぎつね」のように子どもの心を強く揺さぶる物語だったり、「やまなし」のように一読しただけではよく分からない物語だったりしたときに、子どもたちの意識は、誰かに伝えようという思いではなく、「この物語をもっとよく読みたい」というような内容の意味理解に向かうでしょう。そこで、内容をより深く読むための表現（活動）方法を提示します。

そして、より深く内容が読めた、自分はこの物語のすばらしさを知っているという状態になったとき、誰かに伝えたいという思いや同じ作者の物語をもっと読んでみたいというような思いが子どもたちのなかに湧いてきます。

また、子どもたちが教材を読む以前に他者に伝える必然性があり、その目的に教材の特性が適している場合、または表現方法や物語の構成などを学習する場面でそれに適した特性をもつ教材を用いる場合は、「〇〇に伝えよう」「〇〇をつくろう」というような意識のもとで、表現（活動）しながら、同時に教材を読み深めていくことになります。例えば、劇の発表会があり、その題材として会話を中心に物語が展開する「お手紙」を選択し、「観客にかえるくんやがまくんの気持ちの違いが伝わるように音読の仕方について考えていこう」というような場合です。

教材の特性に応じた活動方法を設定しよう

教材に特性があるように、活動にも特性があります。どんな活動にもよさや留意すべき点があり、子どもたちの発達段階、指導目標、教材の特性から適正に考慮して設定する必要があります。

いくつかの活動を挙げてみましょう。

活動	特性	留意点
音読・朗読	読み手がイメージしたことや感動した気持ちを音声で聞き手に表現する。読み手が人物や語り手に同化するのを促す。	音声を記録したり、音読記号を用いたり、教師が再現したりして、表現の仕方を確認する必要がある。
日記・手紙	文章中に書かれていない人物の心情を想像して書く。手紙の場合は、読み手からの評価も表現される。	どの場面のどの人物の立場から（どの人物に向けて）書かせるのかを吟味する必要がある。
感想・書評	感想は、読み手が強く印象に残った部分を中心に経験等を交えながら、意見を述べる。書評は、あらすじをまとめ、文章中のことばを引用しながら論理的に評価させる。	人物の行動や会話文などの視点を示し、そこから考えたことや想起した経験を付箋紙などにメモして記録させる。引用の仕方の指導が必要。

紹介・プレゼンテーション	聞き手が読みたいという気持ちになるように物語を音声で紹介する。必要に応じて聞き手に問いかけたり、資料を提示したりする。	原稿メモの準備、練習時間が必要になる。学級で行う場合、全員が紹介を行うためには、グループにするなどして、相互に評価し合うなどの工夫が必要。
ポスター作り	見た人が物語に興味をもつように、物語の世界を一枚の紙の上に表現する。キャッチコピー、イラスト、簡単なあらすじなどの必要な要素を紙面に配置する。	キャッチコピー、イラストの作成などに時間がかかる。その場合は、物語の世界を一番表現していると思われる文章中のことばや挿絵を選択させるようにする。
パンフレット・リーフレット作り	見た人が物語に興味をもつように、複数の紙面に物語の世界を表現する。視点ごとに紙面を分けたり、人物の変化などを表現することができる。	紙面を分ける視点は、教師から提示し、各時間の読みの視点と関連させる。授業の最後にその紙面に掲載する内容を考え（下書き）させ、単元の最後に清書させるようにする。グループで役割分担させることもできる。

これらのような特性や留意点を意識して、指導目標や子どもたちの実態に最も適していると思われる活動を設定します。同時に、活動を学習の中でどのように展開していくのかについても構想します。活

動の具体は、子どもたちにもたせる目的意識、課題意識によって変化してきます。

例えば、平成二十七年度版光村図書に掲載されている「モチモチの木」（斎藤隆介）では、学習の手引きにポスター作りが示されています。そのポスターには、「題名」「作者名」「いちばん心にのこったこと」「どこを読んで、それが心にのこったのか（文章を引用する）」を書いて、学級でそのポスターを見せ合うことになっています。このように全員が同じ物語を読んでいる場合の子どもたちの目的意識は、他者の興味を引き出すためではなく、「自分の感想をはっきりともって、同じ物語に対する友達の感想を聞き合おう」となるでしょうか。授業の中で、子どもたちは、登場人物の気持ちの変化を読み深めながら、自分は登場人物のことばや行動に対してどう思ったのかを記述していくことが必要になるでしょう。

同じポスターでも他者に物語への興味をもたせるために紹介をする場合も設定できます。同一の物語をポスターにして異学年に紹介する、同じ作者が書いたいくつもの物語からそれぞれが選択し、ポスターにして学級の友達に紹介するなど、誰に何を紹介するのかで学習の展開も変わってきます。その場合の授業では、キャッチコピーにするための物語の世界を一番表現していることばの選び方やその理由などについて話し合うことが必要になってくるでしょう。

活動で見えてくるのは、子どもの思考やその過程の表現です。表現をしたら、話合いを通して自分の考えを見直させる、または、話し合ったことをもとに表現しながら考えを整理させるというように、表現する活動と話し合う活動をセットにしていく必要があります。

よりよい読み方を見つけ、自分の考えを見直すために読む

意味理解のための表現か、他者に伝えるための表現か、いずれの目的であっても、一単位時間の授業

子どもたちによりよい読み方を探らせ、自分の考えを見直させるために読ませるのだということです。曖昧な考えでも、最初に「自分は…と思う」というところから、場合によっては「ここが分からない」というところからスタートして、「視点」や「思考の方法」を明確にした話合いのなかで、着目した「ことば（根拠）」や「解釈（関係付けた理由）」を交流して確かめ合っていきます。そのような過程のなかで「自分の考えは、…になった」と自身の変容を実感させていくような授業を構想していく必要があります。

場面ごとに読む？　丸ごと読む？

一単位時間における教材の扱い方について、これまでは、物語を場面ごとに区切って読み進めていく授業が数多く行われてきました。しかし、近年は授業の中で物語全体を対象にして話し合う「丸ごと読み」を求める声が増えています。

場面ごとに読む場合は、範囲が限定され、考えの根拠となることばを探しやすい利点がありますが、既習内容や他の場面とつなげにくくなります。主に低学年段階の子どもたちに向いた方法でしょう。

物語を丸ごと対象にして読む場合は、物語全体の流れを意識した学習を展開することができます。子どもたちには、尋ねられたことに対して、すぐにことばを探せるように教材文を何度も読み込ませて授業に臨ませる必要があります。また、何よりも子どもたちにとって適切な読みの課題と教師の指導力量が必要になってきます。

③「主体的・対話的で深い学び」の実現のために

文部科学省答申（平成二八年一二月二一日）では、国語科における「主体的な学び」「対話的な学び」「深い学び」の視点が次のように示されています。

・「主体的な学び」の実現に向けて、子供自身が目的や必要性を意識して取り組める学習となるよう、学習の見通しを立てたり振り返ったりする学習場面を計画的に設けること、子供たちの学ぶ意欲が高まるよう、実社会や実生活との関わりを重視した学習課題として、子供たちに身近な話題や現代の社会問題を取り上げたり自己の在り方生き方に関わる話題を設定したりすることなどが考えられる。特に、学習を振り返る際、子供自身が自分の学びや変容を見取り自分の学びを自覚することができ、説明したり評価したりすることができるようになることが重要である。

・「対話的な学び」の実現に向けて、例えば、子供同士、子供と教職員、子供と地域の人が、互いの知見や考えを伝え合ったり議論したり協働したりすることや、本を通して作者の考えに触れ自分の考えに生かすことなどを通して、互いの知見や考えを広げたり、深めたり、高めたりする言語活動を行う学習場面を計画的に設けることなどが考えられる。

・「深い学び」の実現に向けて、「言葉による見方・考え方」を働かせ、言葉で理解したり表現したりしながら自分の思いや考えを広げ深める学習活動を設けることなどが考えられる。その際、子供自身が自分の思考の過程をたどり、自分が理解したり表現したりした言葉を、創造的・論理的思考の側面、感性・情緒の側面、他者とのコミュニケーションの側面からどのように捉えたのか問い直して、理解し直したり表現し直したりしながら思いや考えを深めることが重要であり、特に、思考を深めたり活性化させたりしていくための語彙を豊かにすることなどが重要である。

	子どもの思考の流れ
導入	○ 活動の目的をもつ 追究したくなる課題を見出す ○ 解決の見通しをもつ
展開	○ 自分の考えをつくる ○ 他者と交流して考えを広げ深める
終末	○ 学習を振り返り、自分の学びを自覚する

このような学習を実現していくためには、単元や一単位時間の授業を課題解決的に展開していく必要があります。そのためには、それぞれの「導入」「展開」「終末」場面で、上のような子どもの思考の流れが大切になってくるでしょう。

導入場面では、活動に対する目的意識や追究したくなる課題意識をもたせ、「視点」や「思考の方法」を明確にして解決のための見通しをもたせます。

そして、展開場面で曖昧でも自分の考えをつくらせ、他者との交流の中で、考えをより明確にしていきます。

最後の終末場面では、その時間の学びについて自分のことばで表現させ、自己の変容や成長を自覚させ、満足感や達成感をもたせるようにします。

本書でお伝えする国語科授業の具体については、ステップ6以降で述べていきます。

④ 指導計画の実際「ないた赤おに」

教材の分析

「ないた赤おに」は、浜田廣介の作品です。平成二十三年度版の教育出版教科書二年生下に大幅に改変されて掲載されました。その改変の理由としては、教科書の紙幅制限もあるでしょうが、「ひろすけ童話」に対する「『情緒性』の過剰」「理くつっぽい」「押し付けがましい」などのような批判も背景にあると考えます。次の改変箇所は、そのような批判に応えた象徴でしょう。集英社『浜田廣介全集』第五巻集録版「泣いた赤おに」では、人間と付き合えず、自棄になっている赤鬼に対して、青鬼が芝居を提案する場面で次のような青鬼のことばを言います。

「なあに、ちっとも。水くさいことをいうなよ。なにか、ひとつの、めぼしいことをやりとげるには、きっと、どこかで、いたい思いか、損をしなくちゃならないさ。だれかが、ぎせいに、身がわりに、なるのでなくちゃ、できないさ。」

しかし、教科書教材文では、青鬼のことばは次のような表現に改められています。

「なあに、ちっともかまわない。さあ、行こう。」

青鬼の行動の裏にある精神、価値観については、読者の想像に委ねられるものとなっています。最後の場面で赤鬼が読む青鬼の手紙からその精神をうかがうことはできますが、それを感じ取るには手紙の文面から解釈する力が必要になります。改変には、子どもたちに行間を解釈をさせながら、赤鬼や青鬼の行動に対するより深い情意的な反応を触発しようとする意図があるのではないかと考えます。

■物語を読んだ感想　悲しい、切ない、寂しい、感動、少し温かい気持ち

■物語の概要

（人物の設定）　人間たちと仲良く暮らしたい優しい赤鬼。

立て札を作るが、木こり（人間）たちは赤鬼のことばを信じない。

（対人物）　仲間の青鬼。赤鬼のために悪役となって人間の村で暴れる。

人間の目の前で赤鬼に自分を退治させる青鬼。

（状況の変化）　赤鬼のことを人間たちが信じるようになる。

赤鬼の家にお茶を飲みに来る人数も増えてくる。（青鬼が旅に出る。）

（心情の変化）　青鬼を心配して家を訪ねた赤鬼が、家の前で青鬼の手紙を読む。

赤鬼は涙を流して、何度も手紙を読み返す。

■語り手と表現　リズムのある民話調の語り。「…でありました。」→　音読に向いている。

主に赤鬼の視点で展開。青鬼の心情は語られない。→　人物の心情を想像する活動

最後の赤鬼の心情も語られない。　　　　に向いている。

■指導目標

○　登場人物の言動から心情について想像し、表現することができる。

○　作品を読んで、心に残ったことや作品に対する自分の思いや願いを表現することができる。

ステップ1　ステップ2　ステップ3　ステップ4　ステップ5　ステップ6　ステップ7　ステップ8　ステップ9　ステップ10

活動の設定

分析した教材の特性や二年生という発達段階、学習指導要領から、「視点」を「登場人物の言ったことばや行動」にし、「(言葉と経験をつなげて) 人物の気持ちを想像する」という「思考の方法」を中心に単元を構想していきます。

二年生の子どもたちにとっては、比較的長い物語なので、場面ごとに分けて読ませていく方法も有効だと思いますが、ここでは少ない時数で取り組むために、単元の中で考えさせる要素を絞る場合で考えてみます。

まず、中心人物である赤鬼の変化を考えさせるためには、前頁の〈人物の設定〉と〈心情の変化〉を扱う必要があるでしょう。そして、赤鬼に変化をもたらす〈対人物〉である青鬼の存在も欠かせません。今回はこの三つの要素を扱うことにします。もし、時数に余裕があれば、赤鬼の置かれた状況や〈状況の変化〉に関わる、人間の鬼に対する見方やその変化について扱ってもいいでしょう。

そして、一単位時間の中で子どもたちが読み深められることを次のように考えました。

〈人物の設定〉→　赤鬼の人間と仲良くなりたい気持ちの強さ（立て札を立てる前日の赤鬼の人間と仲良くなることへの期待の大きさ）

〈対人物〉→　青鬼の赤鬼を思う気持ちの強さ（赤鬼のために旅に出る前日の青鬼の気持ちの迷いの有無）

〈心情の変化〉→　青鬼の手紙を読んだ赤鬼の気持ち（夢を叶えてくれたことへの感謝と自分のために

犠牲にしてしまったことへの謝罪の気持ち）

そこで、子どもたちには、内容をより深く読むという目的のもとで、日記や手紙を書く活動を設定します。日記や手紙を書くことは、低学年にとって取り組みやすい活動であり、人物になりきって「人物の思いを想像する」という状況に子どもたちを置きやすくなります。

また、学習のまとめとして書かせるのではなく、事前に書いた（表現した）ものを発表し合って、その違いから考えの根拠となった「登場人物の言ったことばや行動」を説明し合う（話し合う）活動をセットにして設定します。

1　**単元**　心のふれあいを読もう

「ないた赤おに」（教育出版二年下）

2　**指導目標**

○　登場人物の「言動」から心情について「想像し」、表現することができる。

○　作品を読んで、心に残ったことや作品に対する自分の思いや願いを表現することができる。

3　**指導計画（全7時間）**

第1次　初読の感想を聴き合って、その違いから「赤鬼や青鬼がどんな気持ちだったのか、二人の言ったことばや行動から考えよう」という課題を設定する。音読練習する。……2

第2次　赤鬼や青鬼の心情を想像しながら読む。……3

（1）家庭学習で書いた「立てふだを立てる前日の赤鬼の日記」を聴き合い、人間と仲良くなりたい気持ちが本文のどこから分かるかについて話し合う。
・赤鬼の期待の強さから人間に信じてもらえない悔しさや落胆について叙述をもとに考えること。
（2）家庭学習で書いた「旅に出る前の晩の青鬼の日記」を聴き合い、旅立ちへの迷いがあるのかどうかについて話し合う。
・青鬼の行動から自分のことよりも赤鬼の幸せを願う気持ちについて叙述をもとに考えること。
（3）家庭学習で書いた「手紙を読んだ赤鬼から青鬼への手紙」を聴き合い、感謝と謝罪の気持ちがあるのかについて話し合う。
・赤鬼の状況の変化や青鬼の赤鬼への思いを踏まえて手紙を読んだ赤鬼の気持ちについて叙述をもとに考えること。
第3次　心に残った場面の音読とその理由を発表する。……2

本ステップでは、指導方法の構想の仕方について便宜上段階的に分けて述べていきました。しかし、実際は厳密には分けられず、それぞれの段階を往復しながら、子どもの思考の流れを意識して、ねらいと教材の特性、そして活動方法が一貫性のあるものになるように摺り合わせていく必要があります。

そのためには、教師が、一つ一つの活動における予想される子どもたちの反応について、具体的に子どもが表現することばでイメージすること、そして、単元や一単位時間の授業における子どもたちの思考が課題解決的な流れになるように意識することが大切です。

ポイントのまとめ

- 教材をどのように読ませていくのか、その「視点」と「思考の方法」を意識して単元を構想する。
- 一単位時間の授業の中で、子どもたちが最初の読みを打ち破り、自分の考えを見直すことができる展開を意識する。
- 子どもの発達段階、指導目標、教材の特性を考慮して、子どもの目的意識や課題意識を喚起する活動を設定し、課題解決の中で思考やその過程を「表現」させるようにする。その際、話合い活動と必ずセットにする。

ステップ
5

教材研究3 学び合いを生み出し、読みを深める発問を組み立てよう

① 発問に対するイメージは？

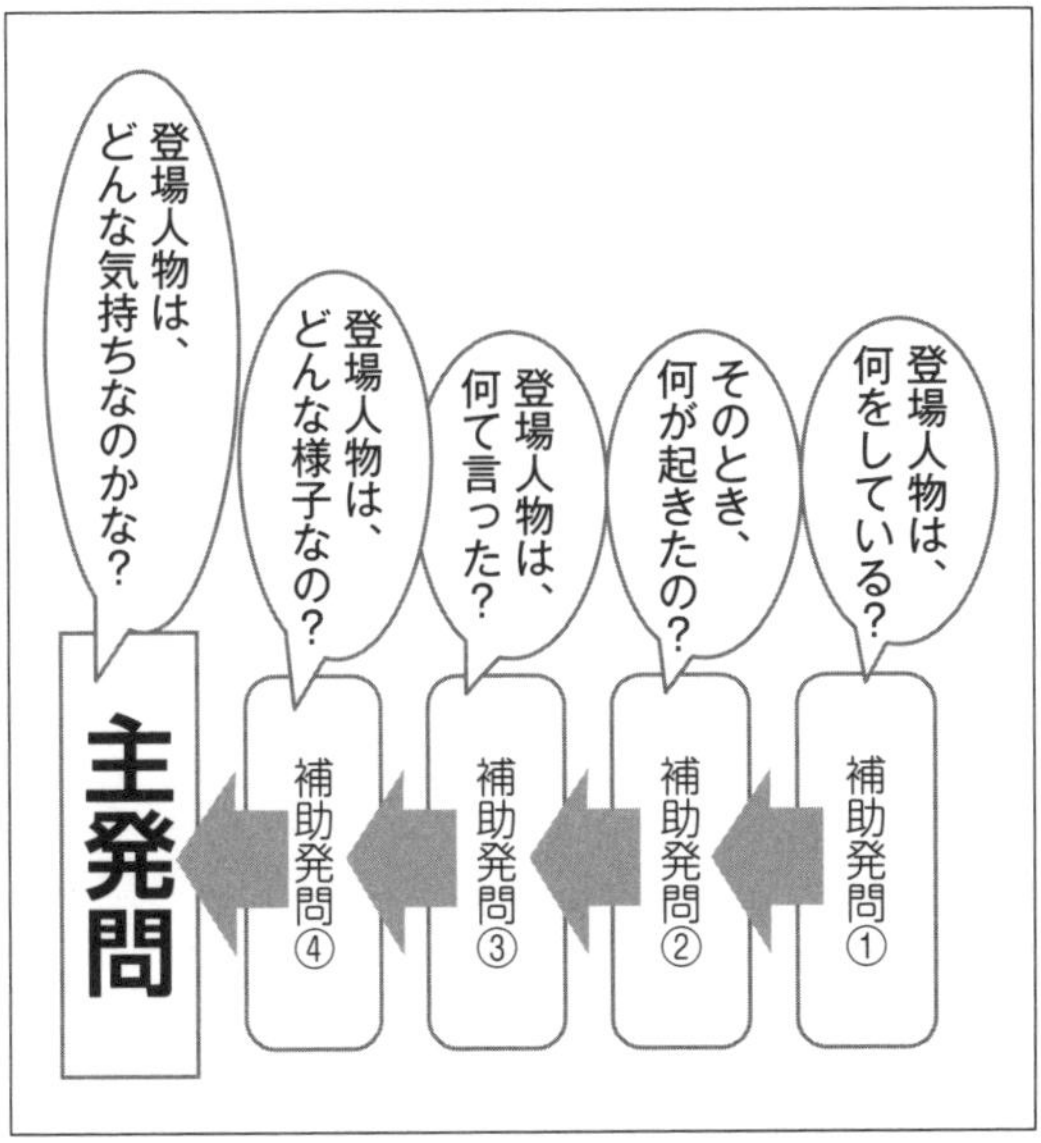

子どもたちが学び合いの中で読みを深めていく授業をつくっていくために、発問に対して教師がどのようにイメージしているのかを考えることは重要です。

よく見かける授業の一つに、上の図のような発問の組み立てで展開されるものがあります。補助発問を積み重ね、最後に主発問をして、子どもたちから授業のねらいとしている表現を引き出そうとする授業です。

教師は、小さな「正解」を積み重ねて、本時で目指す「正解」に子どもたちを辿り着かせようとします。子どもたちは、一問一答を繰り返しながら、教師の頭の中の「正解」とすることばを一生懸命に言い当てることになります。学習が進むにつれ、教師の考えてい

ることが理解できなかったり、活動に興味を示さなくなったりする子も出てくるでしょう。

もちろん、書かれている内容を確認するための発問（質問）もありますが、終始そのような発問を繰り返す誘導的な授業では、子どもたちのもっている考えは必要とされず、教師の捉えさせたい「正解」を一方的に押し付けることになってしまいます。この場合、恐らく教師は、発問を「正解」に辿り着かせるための「道」のようにイメージしていると思われます。

この場合の授業における子どもと教師の関係を例えるならば、地図を見た後で、スタート地点からゴールまで教師が先頭に立って、子どもたちを誘導する「遠足」のような感じです。

しかし、忘れてならないのは、子どもたち自身は、教材を一読した時点で、それぞれが頭の中に何かしらの物語の世界を描いているということです。それは、ことばにされておらず、曖昧模糊としています。その曖昧な物語の世界に、教師が問いを一つ発することで、子どもの頭の中でことばにされる部分が出てきます。それが発問の働きです。つまり、発問とは「観点」であり、イメージとしては、子どもの頭の中にある物語世界への「スポットライト」のようなものです。

この場合の授業での子どもと教師の関係は、「オリエンテーリング」のような感じだと言えるでしょう。地図を見た後で、まず子どもたちに自由にゴールに向かわせる、教師は全体を見ながら、大切なポイントを焦点化して子どもたちを立ち止まらせ、そこからまた進むべき方向を見直させます。

頭の中のぼんやりとした物語世界に教師からスポットを当てられて、ことばにしてみると、みんなの意見が違うことが初めて分かる。そして、それぞれの考えの根拠や理由を話し合う中で、自分の中の根拠や理由が見直され、物語世界がより鮮明に見えるようになってくる。学び合う読みの授業における発問の真のねらいは、その根拠や理由を引き出し、話し合わせることにあります。

ステップ 1
ステップ 2
ステップ 3
ステップ 4
ステップ 5
ステップ 6
ステップ 7
ステップ 8
ステップ 9
ステップ 10

② 「読みの意識の三層構造」を活用した発問の基本パターンとは？

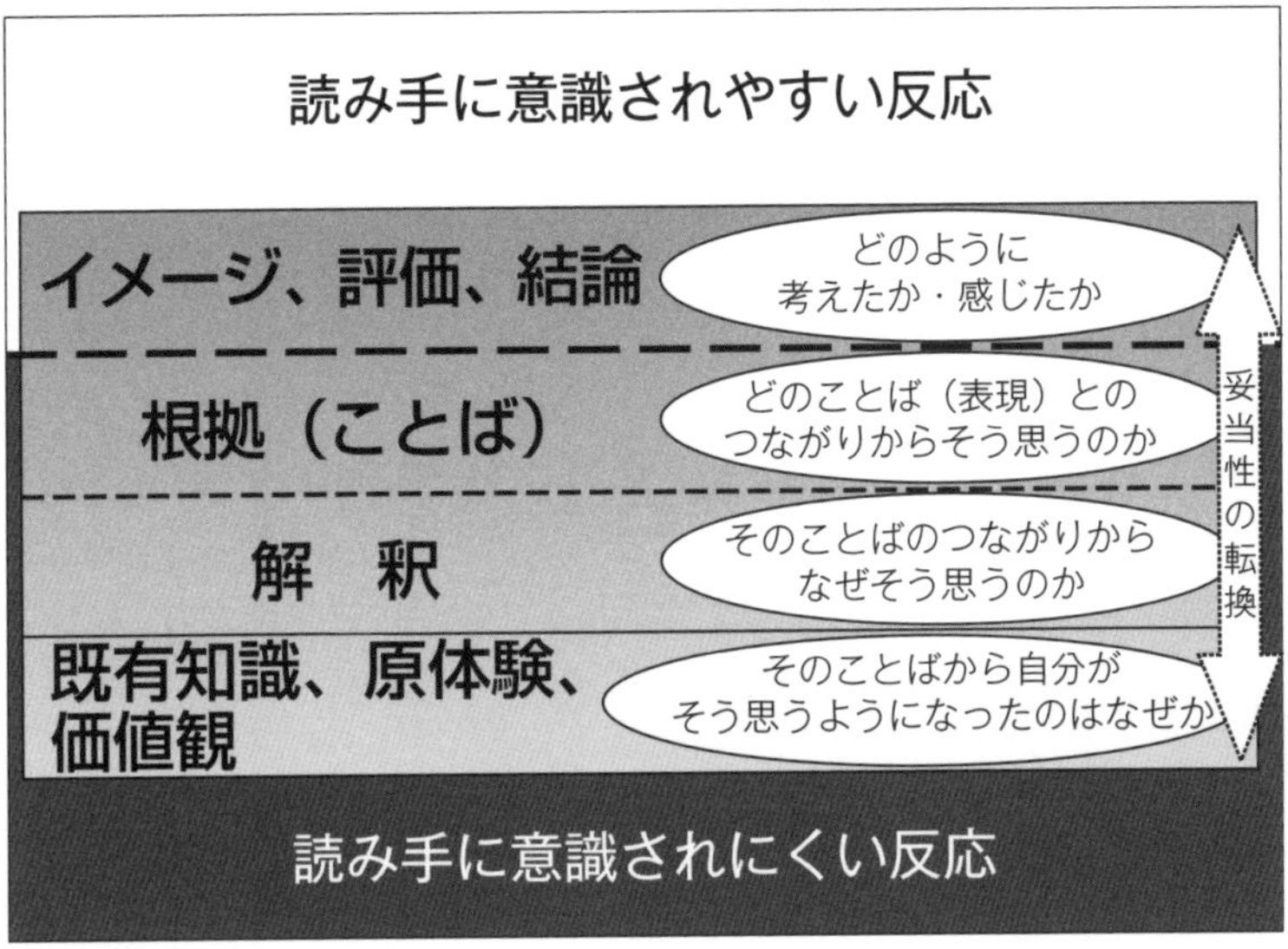

子どもたちが自分の考えを見直し、学び合う読みの授業をつくっていくためには、先述したように子どもたち一人一人が一読した時点で、何かしらの物語の世界を描いているということを忘れてはなりません。教師は、その読みを出し合わせ、それぞれのなかに新たな（明確な）物語の世界を描かせます。

そこで、ステップ2で述べた「読みの意識の三層構造」をもとに、子どもたちの読みを引き出す発問の基本的なパターンを考えてみましょう。

「イメージ、評価、結論」を問う

上の図を見てください。

まず、子どもたちには最も意識されやすい、物語に対するイメージや評価、結論を表現させます。例えば、「どのくらいの大きさだと思いますか」「登場人物はどんな気持ちだと思いますか」「あなたは最後の場面があった方がいいと思いますか」「二つの物語に共通している書き手のメッセージはズバリ何だと思いますか」という感じです。

子どもたちには、直感的に、端的に、ノートに書かせたり、動作化させたり、テンポよく発言させたりします。この問いは、「学力的に厳しい」「普段発言しない」と周囲から思い込まれやすい子にも発言しやすい問いです。何となくそうかなと感じている程度で答え、理由を説明する必要がないからです。分からない場合は、「分かりません」でも構いません。このとき、「正解」を意識したり、上手に言おうとしたりすると、なかなか答えられない場合があります。そのようなときには、教師から、最初の考えは変わるものであり、そのためにみんなで話し合うのだということ、友達の話を聞いて自分の考えを見つめ直せることが価値あることなのだということを子どもたちにぜひ教えてあげてください。

子どもたちから出された直感的で曖昧な物語に対するイメージや評価、結論には違いが生じます。そして、その違いには「幅」もあります。教師は、事前の教材分析・解釈からその「幅」が生まれるように、物語の「空所」に着目した最初の問いを発するのです。

揺さぶる

子どもたちは、発問に対して、自分の中でイメージされていることや感じ取った評価や結論をことばにしていきますが、当たり前（妥当）だと疑わなかった自分の考えと違う考えが出てきます。「どちらだと思うか」という問いの場合は、その違いが子どもたちにもすぐに見えますが、「どんな気持ちだと思うか」「何だと思うか」というように自分でことばを考えさせるような場合は、違いが見えにくいことがあります。そのようなときは、教師が出された意見を意図的にいくつかにまとめて、「どちら（どれ）なんですか」と揺さぶりをかけます。このとき、子どもたちに、一体なぜ違いが生まれるのか、自分の考えは正しくないのか、他の人はどのことばに着目したのだ――、というようにして本当の意味で課題意識が喚起されます。子どもたちの課題意識は、その時間の学習の「課題」や「めあて」を提示すれば、生まれるのではありません。また、子どもたちに他者を言い負かせようという意欲をもたせるのでもありません。「自分が考えていることは、本当に自分が納得できるものなのか」という思いをもたせるのです。ときには、子どもたち全員に同じようなイメージや評価、結論を出させるように発問する場合もあります。低学年の場合など、考えにズレを起こさせることで混乱を招く恐れがある場合は、教師があえて子どもたちとは反対の立場に立って、子どもたちの思考を揺さぶります。

「根拠（ことば）」を問う

次に、自分の「イメージ・結論・評価」がどの叙述から生み出されたのか、根拠となる「ことば」を探させます。物語を読んで自分の中に生まれた考えには、必ず根拠となったことばがあります。ここで問題になるのは、どのことばに着目したのかということです。

どのようなことばに着目すればいいのか、その着目の仕方を意識させるために、自分の考えがどのことばから生まれたものなのかを考え、線を引かせたり取り出したりさせます。その際、必ずしもその叙述が根拠となる理由（解釈）をノートなどに文章で書かせる必要はありません。この時点では、選んだことばが根拠になる理由（解釈）までは、それほど明確になっていない子も多いでしょう。

そして、ペアやグループ、全体で、それぞれがどのようなことばに着目したのかを出し合います。互いに根拠のことばを出し合う中で、自分が気付かなかったことばの存在に気付いていきます。

「理由（解釈）」を問う

その後、なぜそのことばが「イメージ、評価、結論」の根拠となり得るのか、その理由（解釈）について自由に話し合います。その理由（解釈）に多くの人が共感できるものならば、根拠となることば、それに伴うイメージや評価、結論も妥当だということになります。共感はできないが、否定もできないという新たな考えが出されることもあるでしょう。子どもたちの話すことばは、抽象化された表現が多いため、場合によっては、教師がさらに詳しく話すように説明を促すことも必要です。根拠となることばやその理由（解釈）を話し合うことで、それぞれの子どもたちの中で「当たり前だ」と疑わなかった妥当性が転換され、自己の読みが打ち破られ、更新されていくことになるのです。

「既有知識、原体験、価値観」を問う

ときには、同じ根拠のことばから全く違う解釈が生まれたり、多くの人が共感しにくい突飛でこだわりの強い解釈が出されたりすることがあります。そのような場合は、もしかすると、その子がもっている知識や原体験、価値観が影響しているのかもしれません。教師が、「あなたにも同じような経験があったのかな」「あなたは○○の方が大切だと思っているのかな」のように問い返してやることで、どこで他の人たちと解釈が違っていたのかを明らかにしてやることができます。また、教材や場面によっては、子どもたちの価値観そのものを意図的に問うような場合もあるでしょう。

以上のような問いを繰り返していくことで、最初は曖昧で直感的だったイメージや評価、結論が、その根拠や理由を明らかにすることによって、明確で論理的なものへと変化していくのです。

③ 発問の基本パターンを活用した一単位時間の組み立てモデルとは？

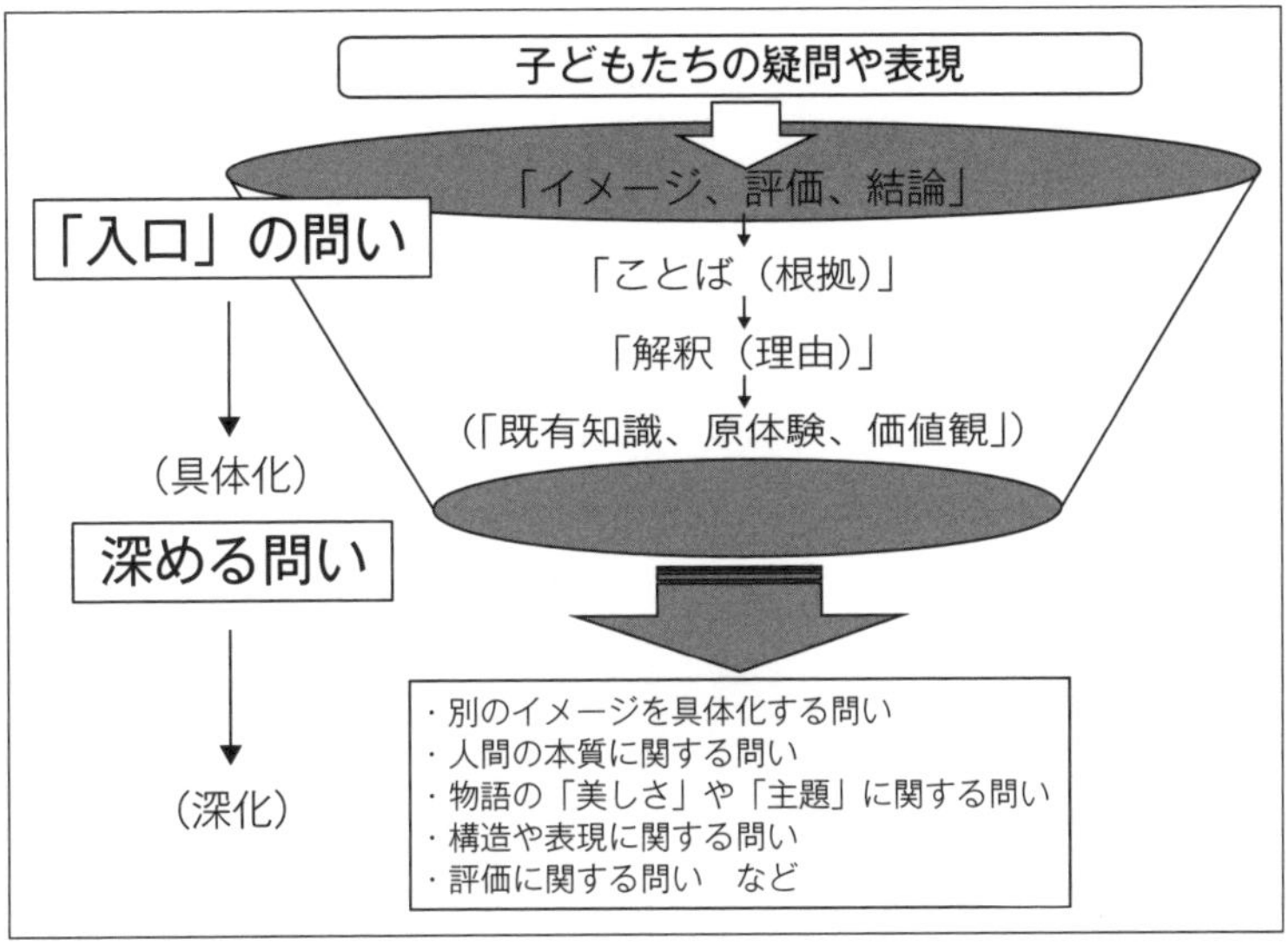

学び合う読みの授業では、発問の基本パターンを活用し、上の図のような発問の組み立てを一単位時間の基本的なモデルとします。

　最初の本時の話題にスポットを当てる問いが「『入口』の問い」である本時の読みの課題です。

　そして、話合いの中で、教師は物語世界に当てるスポットをだんだんと狭めて、焦点化していきます。すると、子どもたちは、今まで意識していなかったところまで具体化し、ことばにしていきます。ことばは、思考の抽象です。子どもたちが発することばは、思考の表面的な部分がほとんどです。そこを教師が分かったつもりにならず、発問によって掘り下げ、ことばにさせていくのです。

　さらには、「深める問い」によって、違う観点を与えることで子どもたちは新たな考えを生み出していきます。

　一単位時間の基本的なモデルについて詳しく見てみましょう。

導入場面…「『入口』の問い」（読みの課題）から課題意識を喚起する

まず、子どもたちの疑問や表現から「『入口』の問い」となる読みの課題について投げかけたり、気付かせたりします。「『入口』の問い」（読みの課題）は、すべての子に抵抗なく学習に参加させるとともに、その時間の話題を限定し、何について考えていくのかという子どもたちの思考の範囲を決定する非常に重要な問いです。

子どもたちは、課題に対して、当然のように直感的に考えた「イメージ・結論・評価」を出し合いますが、そこに差異が生まれたり、分からないことや不充分なことが明らかになったりします。教師は、事前の教材分析・解釈から子どもの反応を予想しておき、出された意見を分類します。そして、立場を明確にさせるなどして子どもたちの考えの差異や不充分さを意識化させ、「なぜ違いが生じるのか、自分自身の考えは妥当なのか」という疑問を抱かせて一人一人の課題意識を喚起します。

同時に、どのような読み方（「視点」や「思考の方法」）で考えていけばいいのかについても意識させるようにします。

展開場面①…根拠や理由を出し合い、イメージを明確にしていく

次に、考えの根拠となる叙述を探させ、線を引かせたり書き出させたりします。互いの自分の立場を明確にした上で、線を引いた箇所についてペアやグループ、全体で出し合います。そして、そこに線を引いた理由（解釈）について話合いを行い、納得できるものかを考えさせます。

根拠とした理由（解釈）を最初から書かせても構いませんが、書く形式を強く意識させて書かせよう

とすると、多くの子どもたちが書けなくなってしまう可能性があります。子どもたちは自分の頭の中にあるイメージについて初めてことばに置き換えようとしている状態です。イメージとことばを摺り合わせて、どんなことばで表現したらいいのかを考えるときに、表現の仕方まで考えることは、その形式に慣れていない子どもたちにとって容易なことではありません。とにかくことばにしてみる―、そうするなかで、少しずつ自分の考えが整理されていきます。

私は、書かせる前に、まず「自分のイメージ・結論・評価」「根拠となることば」「理由としての解釈」（ときには「類似体験」）の順で互いに話し合わせるようにしています。そちらの方が、全員の子が取り組みやすく、子どもたち同士でも今何について話し合っているのか、どこで考えの相違が生まれたのかが分かりやすいためです。子どもたちは、自分が気付いていなかった新たな根拠となる叙述に着目したり、考えの根拠となり得る理由（解釈）を付加したりして、頭の中のイメージをより明確にしていきます。まとまった文章を書かせる場合には、その後に書かせるようにしています。

展開場面②…「深める問い」でさらに思考を深める

ここまで「『入口』の問い」（読みの課題）から課題意識をもち、互いの考えを出し合ってイメージを明確にしてきた子どもたちは、全員が共通の思考の「舞台」に立っている状態になります。ここで、さらに考えを深めさせる問い（「深める問い」）を発します（全員の思考がばらばらの状態では、思考を深める発問をしても、一部の子どもだけしか話合いに参加することができません）。

「深める問い」には、いくつかパターンが考えられます。

○別のイメージを具体化する問い

「『入口』の問い」から明確になったイメージをもとに、同様に本時のねらいにつながる別の箇所のイメージについて、「イメージ・結論・評価」「根拠となることば」「理由としての解釈」（ときには「類似体験」）の順での話合いを繰り返します。

例えば、「スーホの白い馬」（大塚勇三、光村図書二年下）の場合、スーホの言動や白馬の様子から二者の心の絆の強さを読む課題を設定します。「『入口』の問い」で、両者の心の絆の強さを数値化させるなどして、その数値の違いから（違いが出ない場合は、教師がゆさぶります）、両者が互いを思う気持ちが分かる様子のことばを探そうという課題意識をもたせます。最初に白馬の様子からスーホを思う気持ちのイメージを具体化させた後、「深める問い」で、その白馬の様子を見たスーホの白馬を思う気持ちのイメージを具体化させます。

○人間の本質に関する問い

「『入口』の問い」から明確になったイメージをもとに、なぜそのような状況下では、登場人物のような行動をとったり、心情になったりするのかについて話し合います。「…なのに、なぜ…なのか」というように、状況としては矛盾しているように見えても、誰もが人として当たり前に感じるようなことをことばにさせていきます。

例えば、「一つの花」（今西祐行、光村図書四年上）の場合、初読の感想から物語の悲しさを感じるところを読む課題を設定します。「『入口』の問い」で、読者に悲しさを感じさせる叙述からゆみ子の両親の心情についてのイメージを明確にしていきます。そこで、「深める問い」として、「お父さんは、お母さんに兵隊に行ってもらいたくないのに、なぜゆみ子に『よかったね』と言っているのか」と問うことで、妻の夫を気遣う思いや母の子を思う気持ち、本当は心の中が悲しい気持ちでいっぱいであることなど、文学が描き出す人間の本質に迫らせていきます。

○物語の「美しさ」や「主題」に関する問い

「『入口』の問い」からイメージを明確にしようとすると、逆にどちらにでも解釈できるような場合があります。そのようなとき、読者は自分の感じる物語の美しさ、趣深さを求めて解釈しようとします。そこで、「どちらの方が『美しい』と思うか」のように読み手の価値観を問うような発問をします。

また、「『入口』の問い」で人物の置かれた状況や変容のイメージを明確にした後、「深める問い」で、物語を象徴することばの解釈や「この物語から学んだことや感じ取ったことは何ですか」など、物語の「主題」に関わるようなことを問います。

例えば、「手ぶくろを買いに」（新美南吉、東京書籍三年上）の場合、帽子屋さんの人物像について読者は「優しい人」というイメージをもちますが、根拠となることばを探していくと、「ただ商売をしているだけではないか」という解釈も出てきます。この場合、結論を出すことはできず（「優しい」の解釈が優勢になりますが）、最終的には読者の価値観に委ねられることになります。そして、「物語として美しいのはどちらか」という観点で話合いを展開していきます。

また、「海の命」（立松和平、光村図書六年）の場合、最後に太一が瀬の主と戦わなかったのは、おとうのように死んでしまうのを恐れたからではないかという解釈をする子が出てきます。そこで、瀬の主を前にして太一が葛藤し、最終的に打てなかったのではなく、打たなかった状況について明確になっていった後で、クエを打たなかった理由、「太一の考える『海の命』とは何なのか」について自分が感じたこと・考えたことを問います。

○構造や表現に関する問い

「『入口』の問い」から明確になったイメージをもとに、なぜ作者がそのような表現にし、その場面を描いたのか、その構造が読み手に対してどのような効果があるのかについて話し合います。

例えば、「ちいちゃんのかげおくり」（あまんきみこ、光村図書三年上）の場合、ちいちゃんの命が消えていく場面で、子どもによってはちいちゃんの死を理解できていないことがあります。命の火が消えていく様子と対照的なちいちゃんの楽しそうな花畑の様子のイメージをつなげ、ちいちゃんの死のイメージを明確にした後で、「なぜ作者のあまんきみこさんは、『ちいちゃんの命が、空にきえました』ではなく、『小さな女の子の命が、空にきえました』と表現したのだろうか」「読者にはどんな感じ方の違いがあるか」と問い、書き手の思いを伝える表現の選び方とその効果について考えさせます。

他にも文章に対する評価を見直したり再構成したりするような問いかけなども考えられます。これらのような発問の組み立てを通して、子どもたちは学び合いながら読むことの奥深さを実感していきます。

以上のような授業をつくっていくためには、指導の目標と教材分析・解釈、子どもたちの実態から、物語のどこについて考えさせていけばいいのかを見極め、ゴールとなる子どもの表現を設定します。そして、そのような表現に向かうまでには、子どもたちがどのような考えに分かれるのか、そのような分かれる意見が出されるには、どのような「入口」となる課題を設定すればいいのかを逆算して考えていく必要があります。

④ 発問の組み立ての実際「ろくべえまってろよ」

「ろくべえまってろよ」（灰谷健次郎、学校図書一年下）は、深く暗い穴に落ちてしまった犬のろくべえを助け出そうと懸命に知恵と力を出し合う五人の小学一年生の姿を生き生きと描いた物語です。物語では、事件の発端からろくべえを救い出す結末までの間に子どもたちの結果に結びつかない行動やろくべえの救出に非協力的な母親や通りがかりの大人の姿が描かれます。それらが描かれるからこそ、子どもたちの生命を慈しむ気持ちやあきらめずに困難に立ち向かう真剣な気持ちが対比的に浮かび上がってきます。

学習指導要領では、低学年で、「場面の様子について、登場人物の行動を中心に想像を広げながら読むこと」が求められています。そこで、本時では、次のような学習目標を設定しました。

- ○ 登場人物の会話文や行動から、クッキーを入れたかごを降ろす方法を真剣に考え、懸命に準備する子どもたちの気持ちを行動や様子のことばから想像することができる。
- ○ ろくべえのいる穴にかごを降ろしているときの子どもたちの気持ちを想像することができる。

実際の授業では、次のように発問を組み立てました。

（前時までの復習をし、登場人物たちが思いついた方法がずっと失敗してきたことを想起させる。）

「入口」の問い

T　こんなに失敗していたら、もうかんちゃんたちは、やる気をなくしたんじゃないのかな。【イメージを問う】

C　まだありますっ。
C　やる気はあるっ。
T　全員に聞いてみましょう。やる気はないと思う人。（誰も挙手しない）
T　では、あると思う人。（全員が挙手）
T　もう、いやになったんじゃないの。本当にやる気ありますか。**【揺さぶる】**
C　はいっ。
T　では、証拠はありますか。証拠を見つけながら、今日の場面を音読します。どんなことばの証拠を見つけたらよかったかな。
C　人物が言ったことやしたこと。
T　すごいなぁ。よく覚えていたね。では、人物が言ったことやしたことに注意しながら音読しましょう。
（全員で音読）
T　証拠を見つけた人、青鉛筆を出して線を引いてごらん。（児童が青鉛筆で教科書に線を引く。）証拠のことばをいくつ見つけましたか。五つ以上。（挙手）四つ。（挙手。以下一つまで繰り返す。）では、

一つだった子から証拠を発表してもらいましょう。**【根拠（ことば）を問う】**

（教師は、子どもの発言を聴きながら、掲示している本文の叙述に線を引く。）

C　ぼくは、「みんな、口をきゅっと結んで頭が痛くなるほど考えました」のところだと思います。

C　わたしも「みんな、口をきゅっと結んで頭が痛くなるほど考えました」のところだと思います。

C　ぼくは、「みすずちゃんとこのクッキーを…下ろしたら」に線を引きました。

C　わたしは、「なるほどと、みんな思いました。」のところです。

C　「『クッキーを連れてくる。』みすずちゃんは言いました。」に線を引きました。

T　なぜ、「みんな、口をきゅっと結んで頭が痛くなるほど考えました」のところでまだやる気があるということが分かるの。**【理由（解釈）を問う】**

C　「みんな、口を…」のところは、頭が痛くなるほど友達っていう意味。

T　頭が痛くなるって、風邪でも引いて痛いのかな。

C　頭が痛くなるほどやる気があるってこと。

T　やる気があると、どうして頭が痛くなるの。

C　考えて、考えて、頭が痛くなった。

C　もしやる気がなかったら、頭が痛くなるほど考えない。

C　頭が痛くなるほど考えたってことは、まだやる気だし、まだ全然あきらめてなくて、すんごく考えているってこと。

T　なるほど、すごく考えたってことか。では、他の所で。なぜここ（叙述を指しながら）からやる気があるって分かるの。

C 「なるほどと、みんな思いました。」のところは、まずここで考えるのがやる気があるところで、なるほどと思うくらい、みんなやる気がある。

C 「クッキーを連れてくる」のところは、さっきの…君の言った「みんな、…考えました」のところとつながっているから、やる気があると思う。

T なるほどね。でも気になるんだけど、そんなにやる気いっぱいなら、ここが気になったんだけどなぁ。みんなここはどんなふうに読んだ。みんなで読んでみて。

（全員で「そろり、そろり」のところをゆっくり音読する）

深める問い　**【別のイメージを具体化する問い】**

T やる気いっぱいな感じがしないんだけどなぁ。

C はいっ。理由が言えますっ。（多くの児童が勢いよく挙手）

C 「そろり、そろり」は、ロープをゆっくりと下に下ろして、もし速かったら、クッキーが下に落ちてしまうから。

C …さんと同じで、ゆっくりやらないと、クッキーがかごから落ちて二匹とも穴から出られなくなるから。

C 真剣にやってるから、ちょっと静かにしてやらないと、ドーンと落ちてしまうから、ゆっくり真剣にやらないといけないから。

T なるほど。では、「そろり、そろり」のときのかんちゃんたちの気持ちを書いてください。

（五分間）では、発表しましょう。

C ゆっくり慎重に下ろさないと。

C お願い、ろくべえ、かごに乗って。

C　早くろくべえを助けたい。

C　早くろくべえ来て。がんばって下ろすから。

ポイントのまとめ

●発問とは「観点」であり、イメージとしては、子どもの頭の中にある物語世界への「スポットライト」のようなもの。授業での子どもと教師の関係は、「オリエンテーリング」のように、教師は全体を見ながら、発問によって大切なポイントを焦点化して子どもたちを立ち止まらせ、そこからまた進むべき方向を見直させる。

●「読みの意識の三層構造」を活用した発問の基本的なパターン…「イメージ、評価、結論」を問う→「根拠（ことば）」を問う→「理由（解釈）」を問う→（「既有知識、原体験、価値観」を問う）

●一単位時間の基本的なモデル…「『入口』の問い（本時の読みの課題）」→イメージの具体化→「深める発問」→違う観点からのさらなる思考の深まり

ステップ 6

実践1 導入場面 イメージを問い、子どもの課題意識を喚起しよう

① 全員の子どもを授業に巻き込んで考えさせる

授業をつくるために、子どもたちの実態や教材の分析を入念に行い、子どもたちに必要な学習目標の設定や指導法の構想をして、具体的な指導案を作成したとしても、まだ授業は完成しません。

そこには、実際に授業を展開させていくための専門的な技能が必要です。それが、「対応力」です。ときには、思わぬ事態が発生し、計画通りには進められず、授業展開を修正しなければならないこともあります（実際は、そちらの方が当たり前ですが）。授業をつくるためには、その場の状況に対して即座に、臨機応変に対応する力が必要です。

そして、授業では、全員の子どもを話合いに巻き込んで思考させることが何より重要です。当然だと思われるでしょう。しかし、実際の授業では、そこに「出席」しているだけで、学習活動に「参加」していない子がいる場合も少なくありません。

本ステップ以降の実践編では、授業の各段階の中でいかにして全員の子どもを学習活動に巻き込んでいくのか、そのポイントや方法についてを中心に述べていきます。

とがあります。

②授業のスタートラインに立たせるために必要なことは？

全員の子どもたちを学習活動に巻き込んでいくには、まず授業の前にさせておかなければならないことがあります。

学習に必要なことばを理解させておく

国語に限らないことですが、授業で使用されることばが分からなければ、話し合われている内容や発問、指示、説明を理解することができません。どのようなことばがあるでしょうか。

一つは、教材文の中に出てくる慣用表現や（漢字）熟語、ものの名前などです。

例えば、慣用表現では、「スーホの白い馬」（大塚勇三、光村図書二年下）に「スーホは、はを食いしばりながら、白馬にささっている矢をぬきました。」という一文があります。「歯を食いしばる」が実際にどんな行為なのか、「歯を食いしばる」のはどのような場面なのかを知らなければ、命をかけて自分の元に帰ってきた白馬に刺さった矢を抜くスーホの心情を明確にイメージすることは難しいでしょう。

また、（漢字）熟語は、五年生以降の教材文から大幅に増えてきます。熟語が苦手な子にとっては、とても難解な文章に感じてくる頃です。「大造じいさんとガン」（椋鳩十、光村図書五年）には、「それは、最期の時を感じて、せめて頭領としてのいげんをきずつけまいとしているようでもありました。」という一文があります。子どもたちの多くは、「最後」と「最期」の違いを意識しません。「死に際」という「最期」の意味を理解しておくことで、死を覚悟しなければならない状況にあっても、威風堂々とした残雪の力強いイメージをもちやすくなります。

二つは、文章の構造や学習活動に関わるようなことばです。「要点」や「要旨」、「要約」などの国語科に特化して使用される用語では、その意味だけでなく、具体的な手順までがイメージされなければ、指示を受けても活動することはできません。専門的な用語だけではありません。日常生活の中でも使用されている「はじめ」、「なか」、「おわり」などは、国語の学習場面でいっしょに使用されると、話題提示、具体例、まとめのように特別な意味をもつようになります。

その他にも、ステップ4で述べた物語を読むときの「視点」のように、学校や学級の中で、国語の学習時の約束事のように使用されることばがある場合もあります。

指導者である教師が、授業の中で使用されることばに注意を向け、事前に子どもたちに理解させておいたり授業の中で取り上げて調べさせたりして、日常的に指導していくことが大切です。

教材文を何度も読ませておく

全員の子どもたちを授業での話合いに参加させるためには、しっかりと教材文を読み込ませておくことが大切です。ことばのまとまりを意識していない読み方をしている子は、物語の流れを捉え切れていない可能性があります。必要ならば、漢字に振り仮名を書いてやったり、指や定規を当てて読んでいる箇所を押さえながら読ませたりするといいでしょう。家庭での練習など協力を仰ぐ場合もあります。

子どもたちは、何度も教材文を読んでおくことで、物語の流れをつかみ、授業中に話題となったことについて、「それについては、確かあそこにあのことばが書いてあったぞ」とすぐにページをめくって探せるようになります。一人一人にしっかりと根拠となることばをもたせながら思考させることが、恣意的で抽象的な話合いを防ぎ、学習に対する意欲や満足感をもたせることにつながります。

前時までの「文脈」を理解させておく

物語には「文脈」があり、全体のことばが響き合いながら、読み手の中にその世界を描き出させます。人物の変化を捉えるには、始めはどのような人物だったのかを知っておかなければなりませんし、最終的な結末を知らなければ、物語の中に張り巡らされた伏線に気付くことはできません。また、人物の心情を考えるためには、その人物が置かれている状況を知っておかなければなりません。

授業で考えさせる場合には、考えるために必要な情報について事前に理解させておく必要があります。

また、学習にも「文脈」があります。前時までの授業場面でそれぞれがどんな発言をして、どのような話合いのもとで何が見出されたのか、集団で課題が解決されてきたプロセスを共有しておくことが、本時で課題を解決するための共通の手がかりとなります。このことは、先述した学習に必要なことばを理解させておくことにもつながります。

毎時間の授業の中で、子どもたちが強い課題意識のもとで学習できていれば、学習の「文脈」が共有されているでしょうが、もしそうでない場合は、これまで学習した内容をまとめたものを掲示したり、導入場面で前時までの学習を想起させたりするといいでしょう。

また、学習の最後には、その時間の学習の流れを振り返ったり、どんな読み方をして何が明らかになったのかについて確認したり、それぞれに発表させたりして言語化し、学習の「文脈」を共有化しておくことが大切です。

③ 導入の役割と三つのタイプ

導入場面は、課題解決において、その時間に明らかにすべき課題を明確にし、解決の見通しをもたせ、学習に対する意欲を喚起する最も重要な段階です。課題が明らかになることで、子どもたち一人一人に学習で向かうべき方向が共有化され、その時間の学習に「参加」しようとする原動力になっていきます。

課題が生まれるには、読む目的が必要です。ステップ4で述べたような「分からない、もっと知りたいから読む」、または「他者に伝える必然性があるから読む」などの単元レベルの目的意識のもとで、「今日は、この点について明らかにしていこう」と話題を絞ったものが本時の課題となります。

導入の三つのタイプ

導入には、大きく分けて三つのタイプが考えられます。

一つは、教師による説明だけで進めるタイプです。「今日は、〇ページからの場面の人物の気持ちについて考えていきます。では、〇ページを開いて…」という感じです。子どもたちは、教師の指示に従うだけとなり、課題意識をもてず、学習意欲も喚起されないまま、学習に入っていくことになります。

二つは、教師による説明の内容を子どもと一緒に確認しながら進めるタイプです。「昨日は、どんな学習をしましたか」「〇〇について話し合いました」「今日は、何ページからですか」「〇ページからページです」「この場面では、何について考えていきますか」「人物の気持ちについて考えていきます」という感じです。教師による説明だけの場合に比べると、子どもたちの課題意識は促されるかもしれません。単元の始めに学習計画をしっかりと話し合っているならば、このような確認でも十分強い課題意

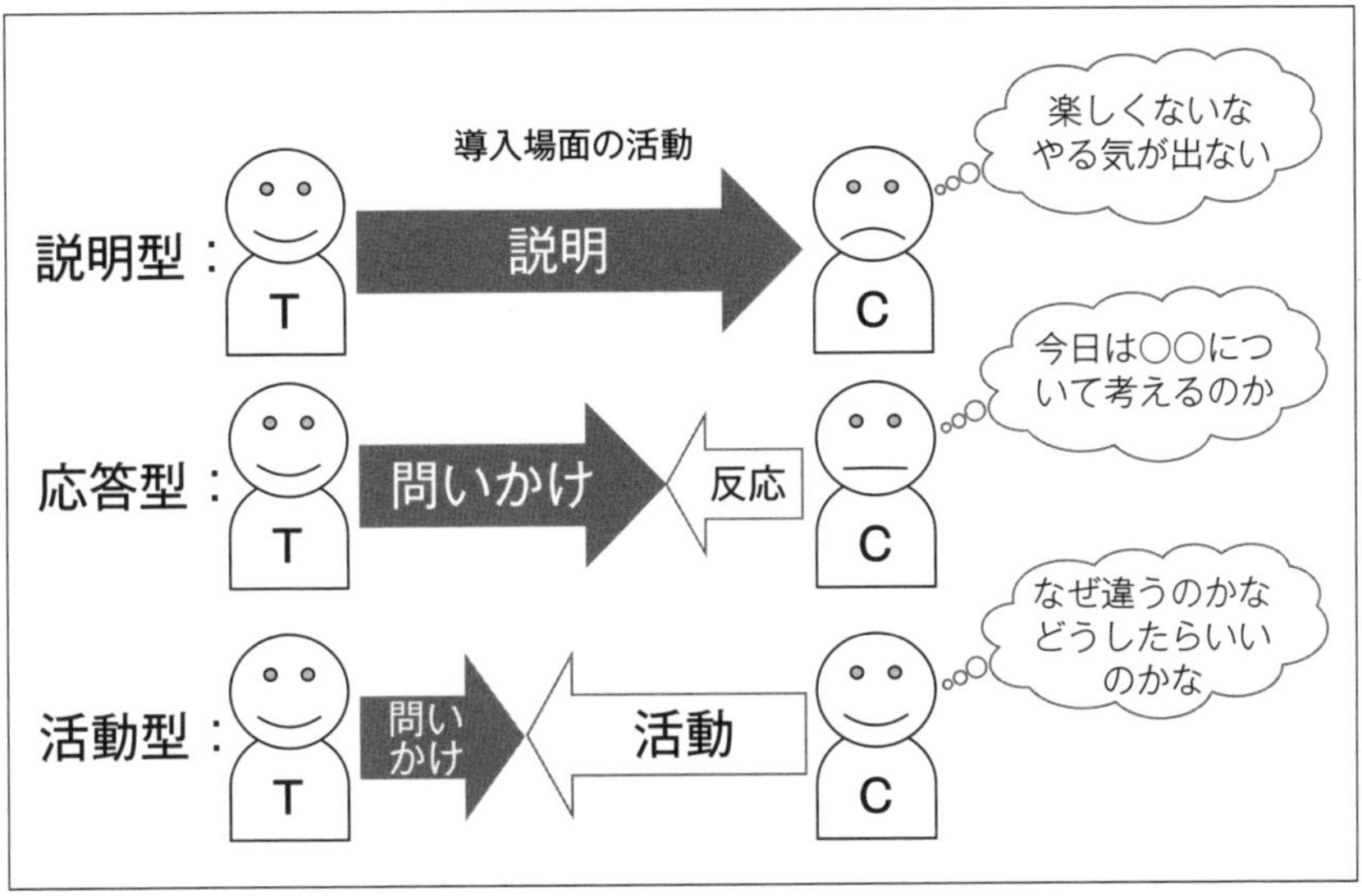

識が引き出されることも考えられますが、そうでない場合は、意欲の喚起が不充分である可能性があります。

三つは、子どもの活動を中心に進めるタイプです。この導入では、教師からの問いかけや指示に対して、子どもたちが反応して活動する中で、互いの考えの共通点や違いや不充分さに気付き、疑問を感じたり、何とか解決したいと欲したり、もっとやってみたいと意欲を高めたりします。

勿論、三つのタイプの中で、子どもたちの主体性を最も引き出しやすいのは、この子どもの活動を中心にした導入でしょう。前述の二つのタイプの導入では、教師の要求に応えることに子どもたちの学習の意識が向く傾向になるのに対して、子どもたちの活動を中心にした導入では、他者の考えから自分の考えを相対化して、自分の見直すことに学習の意識が向いていきます。

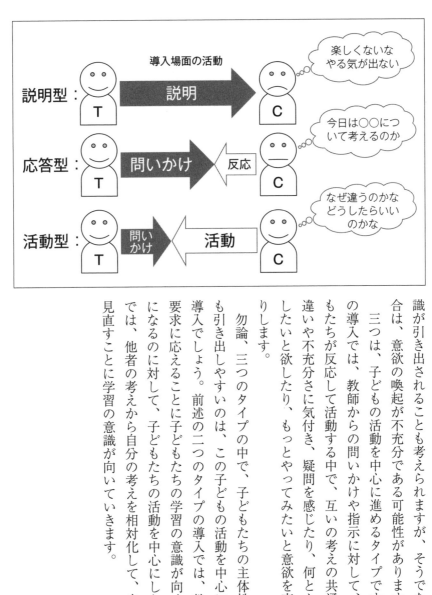

④ 導入の流れのモデルとその手立て

では、物語教材を読む場合においては、導入場面でどのような子どもの活動を設定し、教師はどのような手立てを講じればいいのでしょうか。そこで、学び合う読みの授業における導入の流れのモデルを紹介します。

前時学習の想起、または本時学習のおおまかな状況確認

先述したように、子どもたち全員を学習のスタートラインに立たせるためには、前時までの物語や学習の文脈を理解させておくことが必要です。必要に応じて、授業の始めに前時学習の想起を促します。例えば、次のいずれかのような方法が考えられます。

- 既習内容や授業の流れなどを模造紙等に整理したものを教室内に掲示して、それを指しながら前時に話題になったことを尋ねる、または、説明させる。
- 前時の学習で、子どもたちが書いたまとめや振り返りの文章を数人に発表させる。
- 前時の学習で子どもたちが書いたまとめや振り返りの文章を印刷して配付し、読み上げる。
- 前時に行った活動と同じ活動を再現させる（挿絵の並べ替えなど）。

また、状況によっては、次のいずれかのような方法で、前時学習の想起ではなく、本時に学習する場面のおおまかな状況を確認する場合もあります。

・本時に関わる場面を子どもに音読させた後で、教師の問いかけに答えさせて状況を確認する。
・挿絵を選択させ、物語の場面を端的に表現させる（いつ、どこで、だれが何をする場面か）。
・場面の状況や人物の行動などについて、絵を描いたり掲示した絵を動かしたりして表現させる。

「『入口』の問い」（読みの課題）と考えの不充分さや差異の確認

前時学習の想起や状況の確認の流れから、本時の指導目標に関わる内容で、子どもたちのイメージや解釈の差異が生じる部分について問いかけます（詳しくは、ステップ5参照）。

まず、「『入口』の問い」に対して、子どもたちに端的に表現させます。その表現は、音読、作文、絵図化、動作化など、教材の特性や子どもたちの状況に合わせて表現しやすい方法を選択するようにします。労力をかけて表現させてしまうと、考えや思いが強化されて、自分の考えに固執してしまう子が出てくる恐れがあります。最初の考えは変わるのです。そのために考えを出し合って話し合い、それぞれが賢くなっていくのだということを、教師は子どもたちに伝えていきましょう。

「『入口』の問い」では、イメージや評価など、子どもたちに一言で表現させるようにします。一言で表現させることで、発言が苦手な子も発言することができます。そして、子どもたちがそれぞれ描いている曖昧なイメージが抽象化されて表現され、その具体を聞き合う必然性が生まれてくるのです。

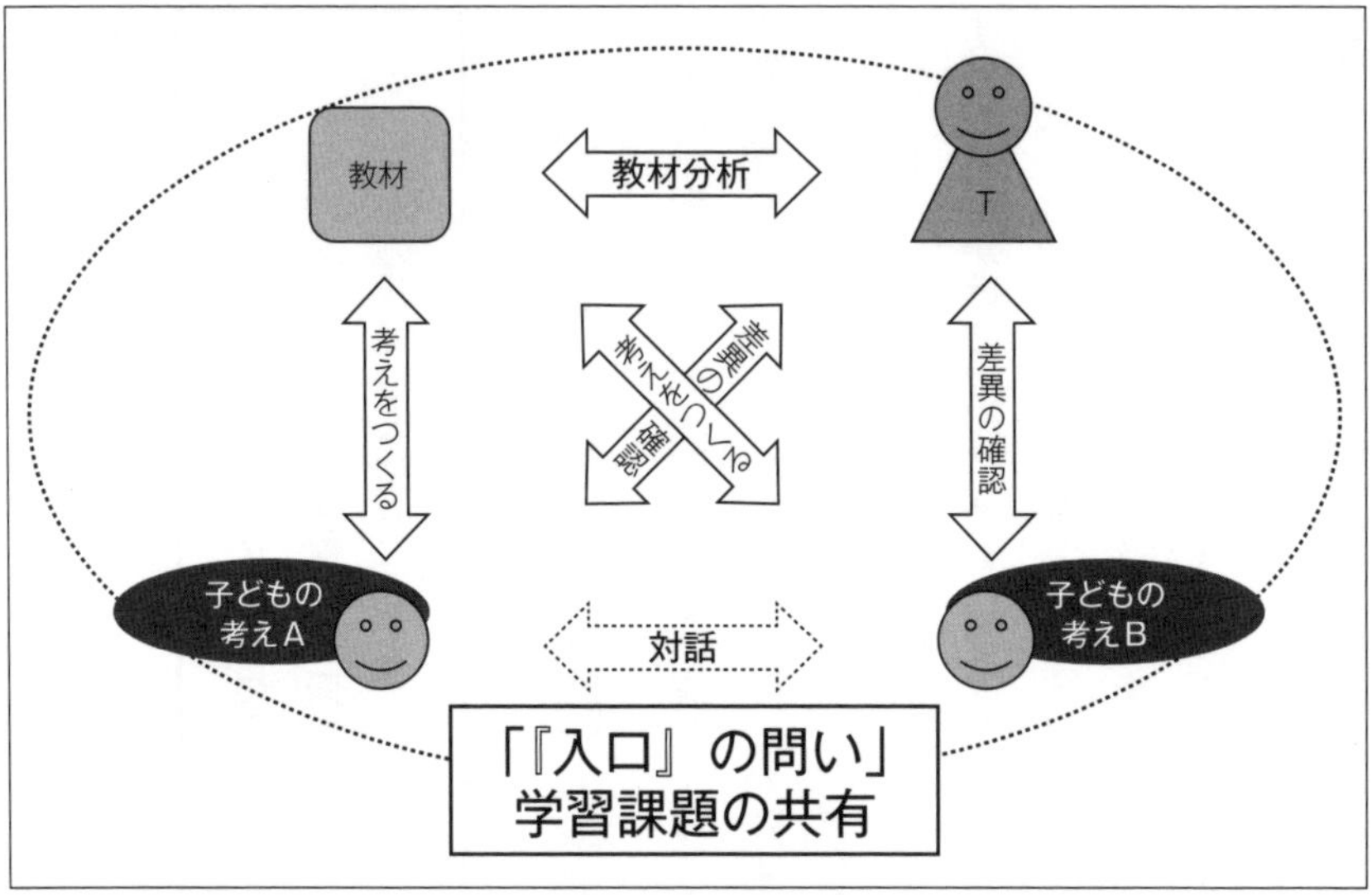

また、発言は列などで指名して、できるだけ多くの子どもにさせます。そうすることで、発言にテンポが生まれ、その勢いで発言が苦手な子も発言していきます。

多くの子どもに発言させる意図は他にもあります。ステップ2でも述べましたが、読むことは個人的な思考活動です。一人の子どもの発言だけで授業を進めていくわけにはいきません。一人一人が発言することによって、それは個人の考えではなく、学級全体の傾向へと変わっていきます。そして、多くの子が発言することで、その共通点や相違点（事前に教師がねらっていたもの）が見えてきます。相違点が見えてくると、教師は「あれ、何だか◇◇と△△で違っているね」、全員が同じような意見の場合は、「あれ、みんな同じような考えですね」「…のところが分からないみたいだね」のように確認します。

自分と違う考えが出てきたとき（みんなと同じ考えになったとき）、子どもたちは当たり前だと疑わなかった自分の考えについて、「あれ、なぜ他の人と違うんだろう（なぜみんなと同じなんだろう）」と初めて立ち止まることになります。

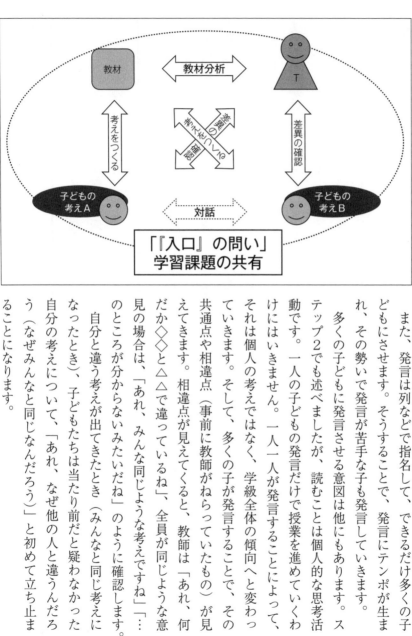

全体の傾向の確認と揺さぶり

少人数学級の場合は、最初の「『入口』の問い」の段階で全員の子が発言することができるかもしれませんが、そうではない場合は、学級全員の考えを表出させるために、自分の考えがどの考えに近いのか、挙手をさせます。挙手をすることで、自分の立場が表明され、学習への参加が促されます。

ここで注意をすることは、挙手をさせたら、教師が必ず数えるということです。数えもしない挙手を求めても、求められた方は手を挙げる必要性を感じないものです。これから始まる話合いのための挙手なのですから、教師は誰がどの考えに挙手をしているのかを確認しながら、数を数えていきます。全員の「参加」を目指すのであれば、一人一人の考えの立場の表明を認めてやることが大切です。

この場面で子どもたちは、全体の考えの傾向を知ることになります。そして、「自分と同じ考えの人の方が少ない。」「あの考えに賛成の人があんなにいる。なぜだろう。」と自分の考えを他の人に伝えて確かめたくなったり、他の人の考えた理由を聞いてみたくなったりします。そのとき、教師がすかさず、「◇◇と、…△△では、…どちらなんでしょうね」と、ゆっくりと語りかけて揺さぶります。課題が、本当の意味で子どもたち自身のものになる瞬間です。課題は、子どもたちに提示するだけで理解されるものではないのです。そのタイミングを逃さず、「では、今日は○○について考えていきましょう」と言って、本時の課題を「…は◇◇と△△のどちらか」のように、文字化して板書するようにします。そうして、本時の課題が子どもたちに共有されます。

また、全員が同じような意見の場合は、「みんなは◇◇と言っているけど、△△ではだめなの」「本当にそうかな」と教師が違う立場に立って、子どもたちの思考を揺さぶり、課題意識を喚起するようにします（特に低学年に有効です。対立した意見について話し合うのは、他者の立場を理解し始める中学年以降が適しているようです）。

ときには、立場を決めかねている子がいる場合や数が合わない場合が出てきます。迷っている子には迷っていることも一つの立場として認めてやりましょう。人の意見をしっかりと聞いて、授業が終わるときに、その子の中に明確な考えが生まれていれば、その子は変容したことになります。また、挙手の数と全員の数が合わない場合は、数が合うまで何度も数え直すのではなく、教師が「数え間違えたかな」ぐらいのことを言って、先に進めていきましょう。この場面で重要なのは、数を合わせることではなく、一人一人の子が自分の立場をはっきりとさせることや学級全体としてどんな傾向になっているのかを確認し合うことです。もし、こっそりと手を挙げていない子がいたとしたら、その後の話合いに巻き込みながら、立場を決めて他者と話し合うことや考えを変容させていくことの楽しさを感じさせてやればいいのです。その子は、次の授業では、きっと手を挙げてくるでしょう。

読み方の確認とめあての提示

本時で明らかにしたいことが課題として子どもたちに共有されました。しかし、その方法は確認されていません。そこで、教師から「〇〇について考えていくには、どのようなところに着目して、読んでいけばいいのかな」と問います。そうすることで、子どもたちに課題の解決に向けた読み方が意識させるようになります。

ステップ4で述べたような「視点」や「思考の方法」を日頃積み上げている学級の場合は、これまでの学習の「文脈」のなかで身に付けたことばを想起して発言するでしょう。また、これまで学習した「視点」や「思考の方法」をカードにして、日常的に活用できそうな場面で選択させるという方法も有効です。これまでに学習したことのない読み方を学習する場合には、必要に応じて、教師から「視点」や「思考の方法」を示してやることもあります。

教師は、このような「視点」や「思考の方法」を意識した読み方を子どもたちに身に付けさせるために、教材研究の段階で一つの単元の中で同じ「視点」や「思考の方法」が活用できるような課題や活動を構成して計画したり、学習を通して子どもたちに「こんな読み方をしたら、こんなことが明らかになった」という思いを共有させて、強化するようなはたらきかけをしたりすることが大切です。

読み方が確認されたら、本時のめあてとして「…のことばに着目して、～を明らかにしよう」などのように、文字化して板書するようにします。

めあてを出すまでの時間は、授業が始まってだいたい七分以内が望ましいでしょう。一概には言えませんが、それ以上時間がかかってしまうと、その後の話し合う時間やまとめを書く時間がとれなくなってしまう可能性があります。また、時間が短いと、子どもたちの課題意識が醸成されないまま、話合いに入っていく恐れもあります。

導入段階では、課題を共有化し、見通しをもたせ、意欲を喚起することが重要です。子どもたちには、「少しがんばれば自分にも明らかにできそうだ」という思いをもたせることを目指します。

そのために、教師は、本時の課題の内容の吟味だけでなく、導入場面において子どもたちの疑問や意欲が高まるプロセスを考慮し、課題を解決する内容と方法とを意識付けるはたらきかけについて考えておく必要があります。

⑤ 導入場面の実際「あしたも友だち」

次は、「あしたも友だち」（内田麟太郎、東京書籍二年上）を教材とした授業の導入場面です。前時には、あらすじと人物設定について話し合っています。本時では、子どもたちに、森一番の乱暴者と思われているおおかみが、友達のきつねに内緒で怪我をしたくまを助けた気持ちについて考えさせたいと考えています。そこで、事前に書かせた「くまを助けた日のおおかみの日記」を読ませます。友達の書いた「おおかみの日記」を聞くことで、場面の状況の確認をするとともに、おおかみの気持ちの捉え方の違いに気付かせるようにしました。

教師の発問と子どもの反応	○教師の思考　■教師の動き
T　昨日、おおかみがくまを助けた日の夜に書いた日記を書いてもらいましたね。おおかみはどんな風に思っていたのかねぇ。（間）ちょっと紹介してもらいましょう。○○さん。 C　はい。「今日、きつねと散歩していたら、くまがたおれていた。おれはやさしいことをしないおおかみなのに、そのときくまのからかい歌を歌っていたのに、おれはくまを助けてしまった。くまに早くよくなってほしい。でも、きつねにばれるとはずかしいから、おれがくまを助けたことはおれとくまだけのひみつにしておく。でも、助け	○　間を空けて考える雰囲気をつくろう。 ○　最初に話の流れが分かりやすい子の文章を紹介して、場面の状況を確認しよう。 ■　発表する子ではなく、発表を聞く子たちの様子をゆっくりと観察する。（聞いていない子がいた場合は、発表の邪魔にならないように聞くことを促したり、発表を少し止めたりする。）

るとうれしい気持ちになるな。」

T　○○さんが発表してくれて、おおかみがどんなことをしているのかがよく分かったね。それに、おおかみの気持ちになってよく書けているねえ。でも、みんなの日記を読んで分からなくなったことがあるんです。（間、ゆっくりと）今から二つのグループに読んでもらうので、おおかみの気持ちのどこが違うのか、よく聞いてください。一つ目のグループ、○○君。○○さん。どうぞ。

C　はい。「今日、きつねと散歩していたら、くまがたおれていた。おれは帰るふりをして、きつねがしょんぼりして帰った後、おれはくまを助けた。そして、おれはきつねにないしょでくまのかんびょうに通うことにした。くまはうんうん言っているだけで歩けない。ベッドにねていておれが運んできたご飯を食べるのが仕事みたいだ。おれがうれしいしゅんかんは、くまがしゃべってくれたことだ。くまよ、がんばれ。」

C　「今日、きつねと散歩していたら、くまがたおれていた。おれは、びっくりした。理由は、おれはおおかみだがやさしいところがあるみたいだ。助けるときに、どうしようか、ちょっとだけ迷った。でも、すぐに助ける方に行った。もしも、くまの立場がおれだったら、助けをもと

○　みんな集中してよく聞いているな。

■　おおかみがくまを助ける挿絵を黒板に提示する。

○　おおかみの気持ちを考えられたことをほめよう。

○　先に「おおかみの気持ち」を観点に、二つのグループで違いがあることを告げて、集中して聞かせよう。

■　それぞれの発表する子から一番遠い位置に移動しながら、発表を聞く子たちの様子をゆっくりと観察する。

○　一つではなく、二つの文章を紹介することで、その共通点を見つけようと集中して聞くだろう。

○　文章の最後におおかみの気持ちを端的に書いている子たちの文章を取り上げることで、共通点が捉えやすくなるはずだ。

めていたな。くまの気持ちを考えてみたら、おれはとてもかわいそうだと思う。元気になってね、くま。」

C　あ、分かった。

C　もう一つのグループを聞かないと。

T　もう一つのグループです。○○君。○○さん。

C　はい。「今日、きつねと散歩していたら、くまがたおれていた。おれは帰るふりをしてこかげにかくれた。きつねのすがたが見えなくなると、すぐにくまのもとに行って、くまをつれて岩山に行った。きつねと早く遊んでやりたいなと思った。きつねは悲しい思いをして一人で遊んでいるかなぁと思った。森の中でひとりぼっちでさみしいと思うな。ごめんね、きつねくん。明日は地きゅうのはてまでさんぽしてやるからな。いつでも友達だからな。」

C　「今日、きつねと散歩していたら、くまがたおれていた。おれはきつねをおいてきぼりにして帰るふりをした。ちょっとはなをぐしゅんとさせて。そして、くまを助けた。そして、明日は地きゅうのはてまで遊んでやるからなと思った。くまを助ける方が先だと思ってね。ごめんよ、きつねくん。本当にごめんよ。」

C　分かったっ。（多くの子がつぶやいて挙手）

○　このグループの共通点に何となく気付いた子もいるのかな。

○　多くの子が気付いたようだ。でも、まだ考え

T　ちょっと、となりと相談してみて。

（子どもたちがペアで話し合う）

T　では、発表してください。（多くの子が挙手）

C　一グループ目は、くまのことを心配していて、二グループ目はきつねのことを心配していると思います。

C　同じですっ。

C　一グループ目は、くまへの思いの方が強くて、二グループ目は、きつねにごめんねっていう気持ちの方が強いと思います。

T　みなさん、きつねにわるいなあっていう気持ちって、（ゆっくりと）おおかみのなかにあるんですか、ないんですか。

（間）　**【「『入口』の問い」】**

C　あるっ。（多くの子がつぶやく）

T　聞いてみよう。ないと思う人。（挙手しない）

T　あると思う人。（全員が挙手する）　**【全体の傾向の確認】**

T　（驚いて）えっ、全員なの。本当に？　証拠はあるの。（全員が本文を読み直し始める。）　**【揺さぶり】**

T　もう探している子がいるね。よし、確認しましょう。登場人物の気持ちを考えていくときにどんな読み方をしたらよかったんですかね。　**【読み方の確認】**

ている子もいる。ここは、全員に考えさせるためにペアで少し話し合わせよう。

○　よし、さらに多くの子が気付いたようだ。

■　黒板に「きつねにごめんねという気持ち」と書く。

○　学習の課題のところはゆっくりと発問しよう。間を空けることで、子どもたちは自分の考えをつぶやき始めたな。

○　少数派の子がいた場合、手を挙げやすいように「ない」から聞こう。

○　やはり、全員が「ある」に手を挙げた。教師が「意外だ」という表情をして、根拠のことばを探す意欲を喚起しよう。

○　ここで、根拠となることばを探す視点を確認しておこう。

C　登場人物の「したこと」や「言ったこと」です。

T　よくおぼえていたね。では、今日はおおかみの「したこと」や「言ったこと」に注意して、きつねにわるいなぁという気持ちがあるのかを考えていきましょう。（板書）

【めあての提示】

T　では、赤鉛筆を出して。（全員が赤鉛筆を取り出して、上に上げる。）おおかみの、きつねにごめんねっていう気持ちが分かるところに線を引きましょう。

■「おおかみの『したこと』や『言ったこと』に注意して読もう」と板書する。

■全員が赤鉛筆を出して、線が引ける準備ができたことを確認する。

ポイントのまとめ

- 全員の子どもを学習のスタートラインに立たせるために、「学習に必要なことばを理解させておく」、「教材文を何度も読ませておく」、「前時までの『文脈』を理解させておく」ようにする。
- 導入には、三つのタイプがあり、子どもの活動を中心に進めるものが、子どもたちの主体性を引き出しやすい。
- 提示するだけでは課題は共有されない。子どもたちの疑問や意欲が高まるプロセスを考慮し、課題を解決する内容と方法とを意識付けるはたらきかけが必要である。

ステップ 7

実践2 展開場面① ペアトークを通して自分の考えの根拠と解釈を明確にさせよう

① 一単位時間の時間配分をどうする？

導入段階で、課題を共有し、意欲と見通しをもたせたら、まず一人一人の子どもに自分の考えをつくる時間を保障しなければなりません。しかし、考えをつくらせた後も、グループ交流や全体交流の時間を設定する必要があります。一単位時間におけるそれぞれの活動の時間配分について考えてみましょう。

小学校における一単位時間（四十五分間）の流れを「課題・めあての共有」「個人の考えづくり」「ペア・グループ交流」「全体交流」「まとめ・振り返り」とし、「課題・めあての共有」に七分間、「まとめ・振り返り」で八分間と固定して考えた場合、どのような時間配分のパターンが考えられるでしょうか。

	A	B	C	D
課題・めあての共有	7分	7分	7分	7分
個人の考えづくり	3分	3分	8分	8分
ペア・グループ交流	5分	10分	5分	10分
全体交流	22分	17分	17分	12分
まとめ・振り返り	8分	8分	8分	8分

前頁の表に四つのパターンを考えてみました。「個人の考えづくり」についてA、Bは短時間で行い、C、Dは比較的時間を割いています。また、交流活動については、A、Cは全体交流に、B、Dはグループ交流に重点を置いています。

それぞれの授業のイメージで考えると、Aパターンは個人の考えを簡単に見つけさせて、グループの中で自分の考えを確認し、全体で深めていくような感じです。Bパターンは、簡単に見つけた個人の考えについてグループの中で練り上げるなどして、それを全体交流でさらに深めていくような感じです。Cパターンは、まず自分の考えを書かせるなどしてしっかりとつくらせ、グループの中で自分の考えを簡単に確認した後で、全体交流で深めていくような感じです。Dパターンは、まず自分の考えをつくらせた上で、グループの中で自分やグループの考えをまとめ、全体交流で発表をするというような感じです。

どのパターンで授業をつくっていくのかについては、その時間のねらいや設定する活動にもよります。しかし、留意しなければならないのは、子どもたちが自分の考えを見つめてことばを書いたり、考えをつくり出していく質の高い話合いをしたりしていくためには、通常は時間が必要になるということです(日頃から子どもたちが鍛えられている場合はその限りではありません)。そのための時間を確保するために、どの場面で、どのようにして時間を節約するのかを考える必要があります。

ここでは、Aパターンの立場で考えていきましょう。

② 「質問型解釈ペアトーク」で、つくった考えを明確にさせる

根拠となることばに線を引かせる

導入段階で表明した自分の考えの立場に対して、その根拠となることばを文章中から探して線を引かせます。この場面で、自分の考えをしっかりと書かせてつくらせることも考えられますが、敢えて線を引かせるだけにします。なぜ線を引かせるだけなのかは次のような理由からです。

・考えたことを書かせていると時間がかかる。
・本文を読み込ませておいて、線を引くだけならほとんどの子が参加できる。
・この時点ではまだ曖昧な考えの子が多く、他者と自分の考えについて話をする中でだんだんとまとまってくる。
・最初の考えが曖昧な方が、考えへの執着が弱く、その後の話合いの中で考えを変化させやすい。
・最初の考えが曖昧な方が、「読めているつもりになっていたこと」や自分の考えが強化・付加・修正されたことを実感しやすく、話合いを通して学び合おうとする心構えを形成しやすい。

子どもたちの発達段階や学習経験の状況に応じて、少しずつ考えを書かせる活動を取り入れて練習をさせていってもいいでしょう。

対話の目的

子どもたちに話合いをさせる場合に、何を明らかにするために対話をするのか、教師が子どもたちによく理解させておくことが大切です。教師に問われるから話し合うのではなく、子どもたち自身が対話の目的を明確にもっていることが、主体的な態度へとつながります。

自分の考えを広げたり深めたりするために、他者と考えを比較し、その共通点や相違点を踏まえて結論をまとめようと協調的な態度で臨むのか、対話を通して友達と互いの考えの正当性について討論するような主張的な態度で臨むのかなどの違いが生まれます。

ペアで話し合わせる

根拠となることばを見つけたら、ペアになって話し合わせます。ここで、ペア交流をさせる目的は、他者と話し合うことによって考えを見つめ直し、自分の考えの根拠となることばと解釈を明確にすることです。グループで話し合うこともできますが、グループの場合は、多くの視点が入ってくることで、ペアよりも時間がかかったり、また、子どもの司会の技術も必要になったりすることから、より難度が高くなります。

ここでは、汎用性の高いペアでの話合いをご紹介します。ペアで話し合わせる場合は、「読みの意識の三層構造」を活用して、次頁のような流れで一方から一方へ質問をさせる「質問型解釈ペアトーク」をさせます。質問された方は、聞かれたことだけに答えていきます。このペアトークには次のような効果があります。

・全員が考えを説明する機会があり、片方が一方的に自分の考えを説明して終わらない。
・質問をした側には聴く責任が生まれ、聴いてもらうことで話す方にも意欲が喚起される。
・考えとその根拠となることば、そのことばが根拠となる理由（解釈）、そう考えるもとになった自分の経験の区別を意識するようになる。
・まとまっていなかった自分の解釈を話すことを通して整理することができる。
・他者の根拠、解釈を参考にすることができる。

ステップ 1
ステップ 2
ステップ 3
ステップ 4
ステップ 5
ステップ 6
ステップ 7
ステップ 8
ステップ 9
ステップ 10

イメージ、評価、結論を尋ねる	あなたはどう思う？ （考えをきく）
根拠のことばを尋ねる	どこからそう思ったの？ （「証拠」のことばをきく）
解釈を尋ねる	そこからどうして○○だと思ったの？ （理由をきく）
（※必要に応じて）経験を尋ねる	あなたにも同じようなことがあったの？ （経験をきく）

「質問型解釈ペアトーク」は次のように行います。

互いに体を相手の方に向けて、間に教材文を置く。

質問者側が、考えの立場について「あなたはどう思う（◇◇と△△のどちらだと思う）。」と質問する。

回答者側は、「◇◇だよ。」と端的に答える。

質問者側が、「どこからそう（◇◇だと）思ったの。」と質問する。

回答者側は、「○ページの○行目の『…』からだよ。」と根拠のことばを示す。

質問者側が、「そこ（『…』ということば）から、どうして◇◇だと思ったの。」と質問する。

回答者側は、「だってね、…」と自由に解釈を話す。

低学年の場合や経験によって同じ根拠から解釈に大きな差異が生じる場合などには、必要に応じて、教師が質問者側に「あなたにも同じようなことがあったの。」と質問させるように指示する。

ここまで終わったら、質問者側と回答者側が交代し、同じ流れを繰り返す。

このような流れでお互いにペアトークをさせるのに、およそ四、五分間で行います。

導入場面での自分の考えを見直そうという課題意識が強いほど、話合いは盛り上がり、子どもたちは「まだ時間がほしい」という状態になります（相手を言い負かせるのではありません）。質問者側に反応表現（うなずき、「なるほどね」「たしかに」「へえ」などのつぶやき）をさせると、さらに学び合いの雰囲気は高まります。時間的に余裕があるのなら、ペアを代えて活動を繰り返させることもできます。そして、友達の根拠や解釈を参考にしながら、課題に対する自分の考えを見直させます。

わたしたち教師は、話合いに参加させるために、一人一人の子どもたちに自分の考えをしっかりもたせようと、考えを書かせることから始めることがよくあります。しばしば、全員に考えを書かせようとして、「答え」に近いところまでヒントを与えて書かせる場面も見られます。

しかし、自分の考えを相手に分かるように文章で表現するのは、容易なことではありません。その場合、子どもたちには二つのことが要求されています。「考えをつくること」と「文章にまとめること」です。書くことが苦手な子にとっては、考えをつくり、分かりやすく伝えられる文章にできるまで、自分の中で考えを「醸成」する時間が必要になります。その時間の一つがこのペアトークの活動です。自分の考えについて意識されやすいところから順を追って質問に答えていくので、子どもたちは事前に書かなくても自由に考えを述べていきます。他者の根拠や解釈を聴いたり、自分の根拠や解釈を聴いてもらったりしながら、伝えようとする内容が自分の中で整理され、明確になってくるのです。

ここで一つ注意しなければならないのは、ペアやグループで話し合わせる場合には、話題・課題を絞るということです。抽象的な話題・課題では、論点が定まらず、話合いはなかなかかみ合いません。何について考えればいいのかを明確にした上で、ペアやグループでの活動に移す必要があります。

③ 展開場面① ペアトークの実際「ちいちゃんのかげおくり」

「ちいちゃんのかげおくり」（あまんきみこ、光村図書三年下）で、「ちいちゃんが一番つらいと思うのはどの場面か」について話し合いました。子どもたちの考えは、教師の予想通り、一人ぼっちで家族を待つ第二場面と第三場面に分かれました。そこで、自分の考えの根拠となることば（「証拠」）に線を引かせた後で、「質問型解釈ペアトーク」を行いました。

課題：「ちいちゃんにとって一番つらい場面はどこだろう」

A「あなたはどう思うの。」

B「ぼくは、二の場面だと思います。」**【結論・イメージ】**

A「どこからそう思ったの。」

B「『でも、その人は、お母さんではありませんでした。ちいちゃんは、ひとりぼっちになりました。ちいちゃんは、たくさんの人たちの中でねむりました。』のところです。」**【根拠・ことば】**

A「どうしてそこから、ちいちゃんが一番つらいのが、二の場面だと思ったの。」

B「だって、お母ちゃんとお兄ちゃんとはぐれてしまったでしょ。お母さんがいなくなってしまって、お母さんだと思ったら違ったから、ひとりぼっちになってしまったから。」**【理由・解釈】**

A「あなたにも似たような経験はあったの。」

B「ううん…、ないよ。」

（役割を交代）

B「あなたはどう思うの。」

A「わたしは三の場面だと思います。」【結論・イメージ】

B「どこからそう思ったの。」

A「私は『お母ちゃんとお兄ちゃんは、きっと帰ってくるよ。』のところです。」【根拠・ことば】

B「どうしてそこから、三の場面だと思ったの。」

A「だって、『家は、やけ落ちてなくなっていました。』ってあるけど、お母ちゃんとはぐれて、待ち合わせ場所みたいな所がないから、会えるのがお家しかないでしょ。お家しかないから…、お家しかないのに、そのお家がやけちゃって、ちいちゃんは二場面の最初では、お母ちゃんやお兄ちゃんといっしょだったでしょ。だったのに、はぐれちゃって心の中で自分で自分が…、自分で自分を『きっと帰ってくるよ』って、励ましているみたいな感じ、だから。」【理由・解釈】

B「あなたにも似たような経験はあったの。」

A「わたしにも似たようなことがあって、スーパーで迷子になったときがあって…、お母さんとはぐれて、ずっと迷子になって、お母さん帰っちゃったのかなって。」【経験】

B「（納得した様子で）ああ、そうか。」

ポイントのまとめ

●自分の考えを見つめてことばを書いたり、質の高い話合いをしたりしていくためには、時間が必要になる。その時間のねらいや設定する活動に合わせた時間配分を行い、そのための時間の確保と他の活動での時間の節約をする必要がある。

●考えの根拠となることばを見つけさせ、相互に質問して考えを聴き合う「質問型解釈ペアトーク」を設定することで、時間をかけずに、自分の考えの根拠と解釈を明確にさせる。

実践3 展開場面②　全体交流を組織し、「深める問い」で解釈を深めさせよう

①「読みの意識の三層構造」を活用して全体での話合いを組織しよう

ペア交流で明確になったそれぞれの考えをもとに、全体交流ではさらにそれぞれの考えが深められるように、話合いを組織していくことが必要になります。

「組織する」と聞くと、教師が話合いのシナリオをつくることのように響くかもしれませんが、そうではありません。一人一人の考えが活性化されるように、全員の子どもを巻き込んで、話合いの内容を整理したり焦点化したりしながら、それぞれの考えの深まりを促していくのです。

そのために、「読みの意識の三層構造」を活用した発問の流れを再度活用していきます。

ペア交流後の考え（イメージ・結論）を確認する

ペアで話し合ってそれぞれの考えが少しずつ明確になってきた場面で、その時点でのそれぞれの考えについて全体に問いかけ、挙手をさせます。そうすることで、子どもたちの自分の考えの変容に対する意識を高めるとともに、考えの違いに対する疑問や主張したい気持ちを引き出していきます。

この場面でも教師は、誰がどの考えに手を挙げているのかを確認しながら、数を数えていきます。そ

の際、「この考えが増えたね」や「考えが変わったね」のように教師が何気なくつぶやくことで、子どもたちは、心の中で「自分は…」という思いをもち、「自分の考え」への意識がより高まっていきます。

根拠となる叙述だけを出させる（根拠・ことば）

全体の考えの傾向が見えたら、考えの理由ではなく、根拠となった叙述のみを発表させます。理由を説明しなくてもいいので、ほとんどの子が発言できる場面です。次の点に留意して発表を促します。

○意見が割れた場合は、少数派の意見から出させる

多数派が発言してしまうと、後から少数派からの意見が言いづらくなってしまうことがあります（その後の話合いの展開を考えて、あえて少数派を後にする場合もあります）。

○見つけた根拠の数の少ない子から発言させる

学習が苦手だと思われがちな子の場合、見つけられる考えの根拠の数が少ない傾向にあります。しかし、その見つける根拠が、本文の中でも見出しやすく、教師がその時間に立ち止まらせたいことばに集中することも事実です。そこで、見つけた根拠の数の少ない子たちから発言させることで、その子たちも授業の中でみんなが考えるきっかけをつくって活躍することができます。多くの根拠を見つけた子たちはその後で発言すればいいのです。

出された根拠については、教師が準備した拡大提示用の本文で確認しながら、線を引いていきます。本文の拡大提示があることで、子どもたちは根拠のことばを意識しながら話し合うことができます。

根拠として挙げられた叙述の解釈について話し合う（理由・解釈）

考えの根拠が出されたら、なぜその叙述が考えの根拠となるのか、その理由について、全体に問いかけ、みんなで説明をし合っていきます。意見が割れた場合、考えがそれぞれ同じ立場の子たちにその理由・解釈について説明させますが、多数派の子たちに、違う立場である少数派の子たちの考えを説明させることもできます。そうすることで、学び合う雰囲気はさらに強くなります。

「深める問い」を投げかける

学級全体が、物語世界のイメージを具体的にし、課題に対する考えを深まらせたところで、教師から「深める問い」を投げかけます。「深める問い」によって、子どもたちは、自分の中の物語世界に新たな視点からのスポットライトが当てられます。そうして、自己の読みが打ち破られるとともに、考えを強化、付加・修正しながら、さらに深めることができます。

もしかすると、違う視点から考えるということで、子どもたちの発言が止まってしまう場合もあるかもしれません。しかし、慌てる必要はありません。人は真剣に考えるときほど、黙り込むものです。そのようなときには、少し沈黙の時間を取った後、「ペアで話し合ってごらん」と互いに考えを整理する場をつくってあげるようにしましょう。

私は若い頃に、子どもたちが自分の考えをつくる場面で、教室の中を回りながら、全員のノートに書いた考えをチェックして、発言させる順番を決めていました。全体交流では、「自分を当ててほしい」と真っ直ぐな瞳で手を挙げてアピールする子どもたちの前で、今決めたかのような顔をして、自分の予定した通りの子たちに発言させていました。結局、言ってほしい発言だけを言わせ、自分にとって都合の悪い考えは無視していたことになります。当時の子どもたちには本当に申し訳ない気持ちでいっぱいです。

授業をつくることは、すべての子が自己を変革し、集団の中で活躍できる場を保障することです。話合いを「組織する」ために、教師のファシリテーション力を高めていかなければなりません。

② 教師の分析的に聴く力

全体交流の場面における重要なポイントは、教師の聴く力です。

授業における子どもたちの発言は、「読みの意識の三層構造」で示したように、イメージや結論などの思考の意識されやすい部分だけをことばにした場合が多く、不充分であることを前提に聴く必要があります。曖昧な表現で発言しているからといって、子どもたちが、教師のねらっている内容について考えられていないとは限りません。子どもたちの多くは、ことばにはできていなくても考えていたり、感じ取っていたりします。少しでも表現することばがあるということは、子どもなりの理屈があるということです。子どもたちの発することばは、思考を抽象した一部であることを教師が意識することで、子どもを信じて、発言を待ち、発言の本質を聞き分けようとする構えをもつことができます。

そのため、教師は自分の考える「答え」のことばを子どもたちに言わせることにエネルギーを注ぐのではなく、その子のことばの端々に顔をのぞかせる思考の全体や背景を推測し、その後の話合いの展開の糸口となる表現を見出すことに神経を集中しなければなりません。つまり、教師が子どもたちの発言を分析的に聴くことができなければ、全体での話合いの場面を組織することはできないのです。

「分析的に聴く」とは、具体的には、次のようなことです。

・この子は何を言おうとしているのか。
・この子はなぜそんな表現をするのか。そのように読んだ原因は何か（ことばを選択する観点の違いによるものなのか、着目したことばの違いか、解釈か、基盤となる自身の知識や経験によるものか等）。
・教師が目指す学習のゴールのどこに位置付くのか。その子の解釈はどこまで迫り、何が足りないのか。
・他の子の考えとどこが違うのか。他の子にいっしょに考えさせるべき点はあるか。
・この子の考えや表現をこれからの展開にどのように生かせるか。

これらのようなことについて、子どもたちの発言を聴きながら分析・判断していくことが重要です。そのためには、ステップ１で示したような子ども観や一人一人の子ども理解、そして教材に対する深い分析・解釈が必要になります。子どもたちがどのようなことばに着目して解釈する傾向があるのかを事前に予測し、授業で子どもが発言したことばが、その教材のどのことばを関係付けて生まれたものであるかなどを即時に判断しなければならないからです。

また、全体での思考を組織していく場面では、教師は子どものことばを聴いて分析し、問い返したり全体に問いかけたりして「意味付け・価値付け・方向付け」しながら、授業を展開していかなければなりません。

ステップ1 ステップ2 ステップ3 ステップ4 ステップ5 ステップ6 ステップ7 ステップ8 ステップ9 ステップ10

	問い返し			全体への問いかけ
	本人			他者
効果	○自覚を促す。 ○全体に広げる。			○全体に広げる。 ○視点を広げさせる。 ○学び合う雰囲気をつくる。 ○自覚を促す。
目的	・何気なく発言したことばの意味を考えさせる。	・何気なく発言したことばの理由を考えさせることで、前提となった考えを自覚させる。	・考えを生み出した方法を自覚させる。	・他者の発言に共感させる。 ・他者の違う立場から考えさせる。 ・自分との違いを意識させる。
発言の例	「それはどういう意味なの。」	「今、なぜ…と言ったの。」	「どうやって考えたの。」 「どの表現に着目したの。」	「○○さんの言いたいこと分かるかな。」 「○○さんは、どういうことを言っているの。」 「なぜ、○○さんは…と言ったと思う。」 「どうやって○○さんは、…を考えたんだろう。」

教師の「問い返し・全体への問いかけ」

教師が子どもの発言を分析的に聴くことで、集団の思考を組織化するための子どもたちへの問い返しや問いかけが生まれてきます。子どもが何気なく発したことばの中に全員で確認すべきことばや共有させたい考え方が含まれていた場合、**「その『○○』とは、どういう意味なの」**と本人に問い返すことで、選んだ理由について自覚させ、立ち止まらせたいことばの意味を全体で確認することができます。また、例えば**「今、なぜ『…も』と言ったの」**のように何気なく使用したことばの理由を問い返すことで、「感覚的に程度が大きいこと」や「その他にもあること」などが次第に明らかになります。このように、その子にとって前提となる考え方を自覚させたり、全体に広げたりすることができます。

他にも**「どうやって考えたの」「どの表現に着目したの」**のように考え方そのものを自覚させたり、全体で考え方の違いを明確にしたり、全体に広げたりする問い返しも行います。

発言者本人に問い返すだけでなく、発言者ではない他者に説明を求める方法も有効です。そうすることで、自分とは違う視点を取り入れ、他者の発言を共感的に受け止めさせたり、自分との考え方の違いを意識させることができます。**「○○さんの言いたいこと分かるかな」「○○さんはどういうことを言っているの」**と問いかけることで、たとえ違う意見であっても、その子が何を言おうとしているのかを共感的に推し量り、説明のことばを補おうとします。**「なぜ、○○さんは…と言ったと思う」「どうやって○○さんは、…を考えたんだろう」**と問うことで、その子の考えた理由や考え方を探ろうとします。

人は自分の考えを受け止めてもらって初めて他者の考えを聴こうとするものです。話合いの中で、不充分でも自分の考えを説明しようとしたり他者の話を聴こうとする子どもたちの雰囲気ができてきます。

	目的	発言の例
意味付け	・伝えたい内容を聴いてそれに合ったことばを教える。	「…ということかな。」
	・子ども自身が自覚していない見方・考え方を教える。	「…という見方をしたんだね。」
	・子どもたちから出された複数の考えをまとめたり、分類したりする。	「…にまとめられそうだね。」 「…に分けられそうだね。」
価値付け	・発言での表現のよさを教える。	「…という表現がすばらしいね。」
	・見方・考え方のよさを教える。	「…という見方ができたのがいいね。」
	・授業展開におけるその子の発言の役割や効果を教える。	「○○さんの発言のお陰でみんなで考えることができたね。」
方向付け	・授業展開の糸口となる子どもの発言を取り出して、全体へ問いかける。	「さっき○○さんが言っていたことについては、みんなはどう思いますか。」
	・考え方の不充分なところを分析して、どのような考え方をしたらいいのかを教える。	「…という点から考えていくといいですね。」

教師の「意味付け・価値付け・方向付け」

授業の中で、教師が分析的に聴いて、子どもたちの発言から考えの内容や方法を「意味付け・価値付け・方向付け」していくことで、子どもたちの思考が整理されたり、強化されたり、新たな方向へ導かれたりしていきます。

ア　意味付け

○　子どもが教師が予想外の表現をしたとき、その表現を使った理由を尋ねてみる。すると、考えている内容は教師の考えに近くても、ことばの選択で違っている場合がある。そのようなとき、**「そんなときは、…と言うんだよ」「…ということかな」**というように、教師がことばを与えてやることで、子どもは自分の考えの表現の仕方を学ぶことができる。ただし、強引に教師の求めることばにまとめてしまわないように注意する。

○　子どもが発言した結論や主張のみのことばから、その子の見方や考え方を明らかにしてやる。例えば、「どちらの人物が好きか」と問いかけた場合、「…の方がやさしいから好き」と発言したならば、優しさという観点で比較して考えたことが分かる。そのような場合、**「あなたは、『やさしさ』で比べて考えたんだね」**とことばを与えてやることで自覚させるとともに、他の子どもたちも見方・考え方を学ぶことができ、違う観点で比べようとしたり、「やさしさ」の根拠を探そうとしたりする。

○　複数の子どもが自分の考えを発表していると、子どもたちの多くは、その共通点や相違点などを意識せずに聴いてしまう。そこで、教師が「…**にまとめられそうだね**」「…**に分けられそうだね**」のように、子どもたちの考えをまとめたり、分類したりする。その際、教師は必ずしもまとめたグループに名前を与える必要はない。まとめたり、分類したりするだけで、子どもたちはまとめられた考えの共通点や相違点などを意識して名前をつけようとする。そうすることで、子どもたちには、自分たちに共通する考えや話し合うべき論点が見えるようになる。また、話合いの中で複数の考えが出された場合に共通点や相違点によって、分類・整理することの有用性も感じることができるだろう。

イ　価値付け

○　子どもの何気ない発言の中に物事を的確に表現したことばがあった場合、「**『切ない』ということばをよく知っていたね。人物の気持ちを上手に表現できていて、すばらしいなぁ**」というように、その表現のよさを教える。そうすることで、子どもたちはよりよいことばを考えて表現しようとする。

○　子どもの発言の中に価値高い見方や考え方が見られた場合、「**場面と場面をつなげて考えられていたのが、すばらしい**」「**あなたは、自分の経験とつなげて考えているんだよ。それは大切なことなんだよ**」というように、その見方・考え方のよさを教える。そうすることで、子どもたちは、よりよい見方・考え方を学び、その後の学習の中で取り入れようとする。

○　まとめや振り返りの場面で、授業での話合いのポイントとなった子どもの発言について、「**○○さんの発言のお陰で、みんなで考えることができたね**」「**○○君の意見が、みんなの見方を変えてくれたね**」などのように、話合いの中で果たした役割や効果を教える。そうすることで、子どもたちは話合いに対して建設的な立場で臨もうとするようになる。

ウ　方向付け

○　話合いを進展させる糸口となる（考え方の方向性がよい、さらに深い考えをもっている、本質を突く疑問をもっている、など）子どもの発言を取り出して、**「さっき、○○さんは…と言っていたけど、そのことについては、みんなはどう思いますか」**のように、全体への問いかけをする。そうすることで、子どもたちは、新たな見方・考え方を取り入れながら、自分の考えをつくっていくことができる。ただし、教師は、子どもたちの話合いの途中に割り込んで、自分の考えさせたい方向に強引に向かわせないように注意する。その場の話題について、子どもたち自身がある程度話し合った後で、タイミングを逃さずに全体への問いかけをするよう心がける。

○　子どもたちの発言を分析的に聴くことで見えてきた見方・考え方の不充分な点について、違う視点を教師から提示し、**「…に着目してみましょう」「…という点から考えていくといいですよ」**というように、どのような見方・考え方をしたらいいのかをアドバイスをする。そのとき、子どもたちは、課題に対して自分たちなりに解決の方法や結論を見出そうとしている状態であり、教師から解決に向けた助言が与えられることによって、新たな視点からの解決を試みようとする。

以上のような問い返しや全体への問いかけ、「意味付け・価値付け・方向付け」は、教師が子どものことばを分析的に聴くことから始まります。教師が「分かったつもり」になって、表面的にしか子どものことばを聴いていない授業では、子どもは簡単にことばを発します。教師が真剣に、子どものことばを分析しながら聴き、それに対して問い返しや全体への問いかけ、「意味付け・価値付け・方向付け」を行っていると、教室の中にことばに対する「緊張感」が生まれます。この「緊張感」が大切なのです。

③ 全体交流に、全員の子を「参加」させるには

子どもたちの思考を活性化させるためには、ことばに対する適度な「緊張感」が授業の中に必要です。その「緊張感」があるからこそ、子どもたちは自分のことばで語ろうとします。

そこで、「緊張感」をつくりながら、全員の子どもを授業に参加させるための手立てについていくつかご紹介します。

同時に複数の子を指名する

子どもに考えの発表を求める際、「一番○○さん、二番△△君、三番□□さん、四番◇◇君」というように、一度に三、四名の子を指名します。一番、二番の子は挙手をしていた子を当てますが、三番、四番の子は挙手をしていなかった子たちを指名します。

「挙手していない子を指名するのは、よくないこと」と思われる方もいるかもしれませんが、本当にそうなのでしょうか。そもそも、挙手をしていない子はなぜしないのでしょう。彼らの多くは何も考えていないのではなく、考えたことやそれをことばにすることに自信がもてていないのです。そのような思いから、挙手をしない習慣がつき、「自分は発表が苦手だ」と子どもが思い込んでいるのであれば、それは教師がそう思わせているのかもしれません。

話合いの場では、完璧に説明することが重要ではなく、辿々しくても、一人一人が自分の考えをことばにすることが重要なのだということを、教師は子どもたちに教えていく必要があります。ことばが足りなければ、問いかけによって誰かに補わせたり、教師が意味付けたりすればいいのです。事前にペア

トークなどをして一度ことばにさせておけば、発言もしやすくなります。そして、一度発言をさせたことで、子どもが積極的に発言するようになることはよくあります。

複数の子を指名することで、次のような利点があります。

・三番、四番に発言する子は、一番、二番の子の発言を参考にすることができる。
・教師が子どもたちの発言の間に入らないことで、子どもたちの中に話合いのリズムや雰囲気が生まれる。
・「○○さんと似ていて（違って）」のようなことばが自然に出され（その際、教師は価値付けする）、自分が言いたいことだけを言うのではなく、他者の考えを承けた発言をするようになる。

もし、考えがまとまらなくても、「分かりません」と言って座らせません。「時間をください」と言わせるようにします。そして、また二、三人の子に発言させた後で、再びその子に発言を戻してやるようにします。そうすると、その子は、時間が与えられたわけですから、他者の発言を聴いて、何かしら発言しようとします。そこで、教師は発言できたことを大いに賞賛します。そうすることで、教室の中から、「発言できなかった」という事実がなくなっていき、「どの子も発表することが得意な学級」になっていくのです。

また、しばしば「○○さんと同じです」とだけ言って座ろうとする子を見かけます。そんなとき、「○○さんと同じで、…」と説明し直させます。そうすると、ほとんどの場合、その子なりのことばで話し出すものです。そこで、教師が、「ほら、同じじゃないよ。ちゃんとあなたのことばで話していたよ」と賞賛してやることで、子どもたちは自分のことばで話そうとするようになっていきます。

教師への信頼が生み出す安心感

人前で発言することに抵抗を感じている子どもが授業の中で発言できるようになるには、安心感が必要です。どうしたらその安心感が生まれてくるのでしょう。

これまで述べてきたように、まずは教師自身が子どもを信じることです。教師の発した問いに対して、子どもの発することばは曖昧で辿々しいけれども、そのことばの中には必ずその子なりの価値ある考えが隠れていて、それを聴き取ろうとする教師の姿勢が大切です。そして、子どもたちは授業の中でその教師の姿を見ています。

そして、子どもたちのどんな発言に対しても「意味付け・価値付け・方向付け」をしてやることで、子どもは教師への信頼を高めていきます。

「大丈夫だよ。言ってごらん。」

とことばをかけるだけでは、安心して発言してはくれません。ましてや、教師が子どもに問いを突きつけるような雰囲気を醸し出していたり、授業を進めるのが苦しくなったら、発言力のある子を指名して「正解」を言わせて、何とか授業をまとめてしまおうという姿勢では、子どもたちからの信頼を得ることができないでしょう。

「この先生は、『正解』ではなく、私の考えを聴こうとしてくれている」「この先生なら、自分のどんな考えや発言でも授業に生かしてくれる」という子どもたちの教師への信頼が、授業における安心感を生み出すのです。

④ 展開場面② 全体交流の実際「おにたのぼうし」

「おにたのぼうし」（あまんきみこ、教育出版三年下）を教材とした三年生の授業の展開場面です。この場面では、「おにたが物語の結末に対して納得していると思うか」について話し合うことを通して、子どもたちに、おにたの本当の願いについて考えさせます。

おにたは消えてしまい、女の子がおにたのことを神様と思っているこの物語の結末に対して、主人公のおにたが納得しているのかどうかを挙手させたところ、「これでいいと思っている」が二十九人、「これでいいとは思っていない」が五人、「中間、分からない」が六人でした。そこで、文章中から「証拠」を見つけさせ、「質問型解釈ペアトーク」を行いました。児童たちは相手からの質問に対し、活発に自分の考えを説明していました。ペアトークの後、再び挙手をさせたところ、「これでいい」と思うが二十四人、「これでいいとは思っていない」が十一人、「中間、分からない」が五人に変化しました。

そこで、全体交流に移り、「これでいいと思っている」の文章中の「証拠」を数名の児童に発表させたところ、「氷がとけたように、急におにたがいなくなりました。あとには、あの麦わらぼうしだけがぽつんとのこっています。」、「だから、お母さんだって、もうすぐよくなるわ。」、「『おにだって、いろいろあるのに。おにだって…。』」の箇所を挙げ、理由としておにたが豆になろうと決心したことが分かることを説明していました。次は、それに対する意見が出され始めた場面です。

教師の発問と子どもの反応

C　今の○○さんの「証拠」は、「これでいいとは思わない」の「証拠」だと思う。だって、一場面でおにたは「人間っておかしいな。おには悪いって、決めているんだから。おににも、いろいろあるのにな。」と前から思っていたわけで、前の考えはまだ続いていると思うから、「これでいいとは思わない」の証拠だと思う。

C　「これでいい」と思う。おにたっていう子は人を思うおにだから。おにたは女の子のためにやってあげたから。

T　なるほど、二人ともおにたの設定に着目して考えているんだね。

C　「おにだって…」のところは、「これでいいとは思わない」の「証拠」だと思う。なぜならおにたには鬼とは違う人間と同じ優しい気持ちがあって、せっかく優しい気持ちをもったまま豆になったのに、いやだと思う。

C　「これでいい」だと思う。やさしいから人間のために豆になった。「おには悪い」と思われてたらこれでいいとは思わないかもしれないけど、結局は「神様」だと思ってもらえて優しいと思ってもらえた。「これでいい」と思っているけど、そこでおには悪いと思われてたら、「これで

○教師の思考　■教師の動き

○　この子は、同じ叙述から「これでいいとは思わない」が読み取れることを設定場面のおにたのことばとつなげて発言している。

■　一場面のおにたのことばとつなげて板書をする。（板書することで、「意味付け・価値付け」をする。）

○　この子は同じおにたの設定に着目して「これでいい」の理由を説明しているな。

■　意見を板書する。

○　意味付け・価値付けをしよう。

○　この子もおにたの設定から、おにたの願いは感じ取っているようだが、まだことばにはなっていないようだ。

■　意見を板書する。

○　女の子がおにたを鬼と知らずに、おにたのことを優しいと感じていることに、この子の考えは揺れているな。

いいとは思っていない」と思う。

T　○○君の言っていること、みんな分かるかなぁ。

C　今○○君が言ったのは、優しいと思ってもらったから納得で、でも、「おには悪い」と思われるのは、よくないんじゃないかということだと思う。（周囲の子がうなずいている）

T　○○君、そうなの。

C　そうです。

C　おにたは「いいとは思っていない」。感謝されて困っているというか、親切を自分で気付かない人はいる。おにたはそういう優しい気持ちをもっている子だから。

T　どういうこと。

C　…ううん、今、○○さんが言ったのは、おにたは優しくすることが日常の一部になっているから、別に感謝してほしくないっていうことかな。

C　うん。

T　（大きくうなずきながら）なるほどなぁ。よく聞いているねえ。

C　「これでいいとは思ってない」。「きっと神様だわ。」って書いてある。でも、実際はおにたは鬼だから、神様って勘違いされたらちょっといやだと思う。

この子の発言を聞いている他の子たちがよく分かっていないようだ。全体に問い返してみよう。

■　意見を板書する。

○　この子はまた違った視点から考えている。設定場面の普段のおにたの様子から考えているが、おにたの心の奥にある願いにまでは思いが至っていないようだ。全体に問い返して、分かるかな。聞いてみよう。

○　この子は話をよく聞いて、まとめられているな。大きく感心して、価値付けよう。

■　意見を板書する。

○　この子もおにたの願いは感じ取っているようだが、まだことばにはまとまっていないようだ。

■　意見を板書する。

T　以前、みんなは「神様」って言われたら、最上級のほめことばだって言ってた。おにたはうれしくないの。	○　物語の中の矛盾を明確にして揺さぶろう。
C　「神様」ってほめられてもうれしくない。優しいおにだって思ってほしい。本当は人間に友達になってほしいと思っているけど、神様はライバルみたいな存在だから、機嫌悪いんじゃないかな。	○　よりおにたの願いに迫る意見が出されてきたな。よし、ここで、深める発問を問いかけてみよう。
T　今、○○君が言ったような、おにたが本当に望んでいることとって何なの。　**【「深める問い」】**	■　意見を板書する。
C　おにたは人間と友達になりたいんだと思う。	○　よしテンポよく出させていこう。
C　人間と友達になることと病気のお母さんを治してあげたい気持ちがあると思う。おにたがお母さんの病気を治すために黒豆になったから。	○　この子はおにたのやりたいことレベルで考えているな。
C　鬼が悪いということを取り消してほしい。	○　人間の鬼に対する見方への願いが出てきた。
C　鬼を人間はこわがっていて追い払っているから、その鬼の中にも優しい鬼はいるんだよっていうこと。鬼と人間が全員仲良くなることを望んでいると思う。	○　この子は、おにただけではなく、人間と鬼の関係まで広げて考えられている。 ■　意見を板書する。

ポイントのまとめ

●「読みの意識の三層構造」を活用して全体での話合いを組織する。
●全体交流の場面における重要なポイントは、教師の分析的に聴く力であり、そこから「問い返し・全体への問いかけ」、「意味付け・価値付け・方向付け」が行えるようになる。
●発言することの安心感は、子どもたちの教師への信頼から生まれる。

ステップ

9

実践4

終末場面　自分の学びを見つめさせるまとめ・振り返りをさせよう

①学習のプロセスと自分の学びを振り返らせる

学習の最後に、みんなで話し合って明らかになったことやどのような読み方をしたのかについて、教師が黒板上にまとめることもできますが、子どもたちの主体的な学びの姿を実現していくためには、子どもたちが自らの学びを振り返って、自分のことばでまとめていくことが重要です。

この一時間の学習でどのような話合いをしたのか、自分はどのような方法で、何を見出して、どのように考えが変容したのか、そして次回に向けてどのような問題が残されたのか――、これらのような学習のプロセスと自分の学びについて、子どもたち自身がことばにしていくことで、自覚化が促されて学びが積み上げられ、次の学びに生かされる力となっていきます。

教科・領域や場面によっては、「学習のまとめ」と「振り返り」を「問題解決のポイントとなる知識や考え方」と「自分の感想」というように分けて書くこともあるでしょうが、国語科における「読むこと」、特に物語を読む場合は、二つを分けずに書かせた方がいいのではないかと考えます。それは、自分の中に起きた読みの深まりとそれをもたらした読み方こそが、その時間の学びであり、それらを分けて書くことに、子どもたちにとっての必然性があまりないからです。

② まとめ・振り返りのパターン

子どもたちに書かせるまとめ・振り返りについて、学び方を定着させるために一つのやり方を継続していくことは有効ですが、書かせる時期や教材の特性、単元における学習の展開によって変えていくこともできます。

そこで、子どもたちに書かせるまとめ・振り返りのパターンをいくつかご紹介します。

A　学習の流れの再現

一単位時間の学習で誰がどんな発言をして、どんな流れとなり、何が明らかとなったのか、事実を書いていきます。そして、そのなかで自分はどんなことを考えたのかを書かせるようにします。

このようなまとめ・振り返りにまだ慣れていない時期には、子どもたちに書く構えをつくらせるために、授業の最初に書くことを予告しておいたり、授業後に全体で流れを確認したりすることも必要でしょう。最初にまとめ・振り返りとして学習の流れを書くことを予告しておくことで、授業の中で互いの発言を聴き合う状況が生まれるため、学習での集団づくりにもつながります。

B　最終的な結論（根拠・理由）の説明

学習の中でそれぞれの考えの立場に分かれて話合いをした際に、最終的な自分の考えを表現させます。併せて、考えの根拠となる叙述を挙げて引用させながら、それが根拠となる理由を詳しく書かせるようにします。

その際、自分の考えだけを書かせてしまうと、話し合ったことがどのように生かされたのかが分かりづらくなります。そこで、話合いの中で出された自分とは異なる立場の考えに対して、根拠と理由を付けて反論を書かせるようにすると、互いの発言を聴き合う必然性が生まれ、話合いを踏まえた表現となります。

C　考えの変容の振り返り

一読して強く心を打たれたり、難解でよく分からなかったりした教材で学習する際に、子どもたち自身が話合いを通して自分の読みを深めていこうとしている場合、子どもたちにとって重要なことは「自分の考えがどのように変化していくのか」になります。

そこで、学習の最初と最後で自分の考えがどのように変容（強化、付加・修正）したのか、それは誰のどのような意見（読み方）に影響を受けたのかを根拠と理由を挙げながら表現させます。

最初と比べて、自分の考えが強化されたのか、付加・修正されたのかを意識させるために、最初の考えをノートに簡単な形で書かせておくようにします。

D　題材や読み方の選択、見直し

学習によっては、課題の解決のために見通しをもって自分で読む物語や読み方を選択するような活動もあるでしょう。そのような場合は、自分がその物語や読み方を選択した理由を解決の見通しを含めて表現させるようにします。

また、解決の状況を異なる物語や読み方を選択した友達と比較することで、自分の選択（判断）を見直す必要が出てくるかもしれません。その際には、見直した理由について、最初に選択した物語や読み方のどこが見通しと違ったのか、どのように修正していくのかなどについて書かせるようにします。

③ まとめ・振り返りを書かせる手立て

まとめ・振り返りを子どもたちに書かせるには、書くための「内容」と「枠組み」が必要です。

振り返りのスイッチとしての構造的な板書

強い課題意識のもとで、導入場面、展開場面における対話を通して考えを深めた子どもたちは、書く「内容」をもっています。その「内容」としての自分の学びを、何も見ずに振り返って書くことができる子もいるかもしれませんが、多くの子どもには、自分の学びを振り返るための手立てが必要です。それは、一単位時間の学習の流れであったり、話合いで書き残したものであったりと、自分の考えを振り返るきっかけ、スイッチとなるものです。

そこで、重要な役割をするのが、板書です。

板書には、子どもの発言を淡々と羅列したり、教師が言いたいことだけをメモのように残したりするのではなく、その時間でどのような話合いがもたれたのか、どの場面で誰がどのような発言をしたのか、どの考えとどの考えが共通、対立していたのかなど構造的に表現していくようにします。

そうすることで、子どもたちは、終末場面のまとめ・振り返りの中で板書を眺めながら、話合いの流れを辿るとともに、授業での自分の考えの変容を想起して追いかけることができます。

そこで、物語を教材とした授業における、まとめ・振り返りに生きる板書モデルのいくつかをご紹介します。

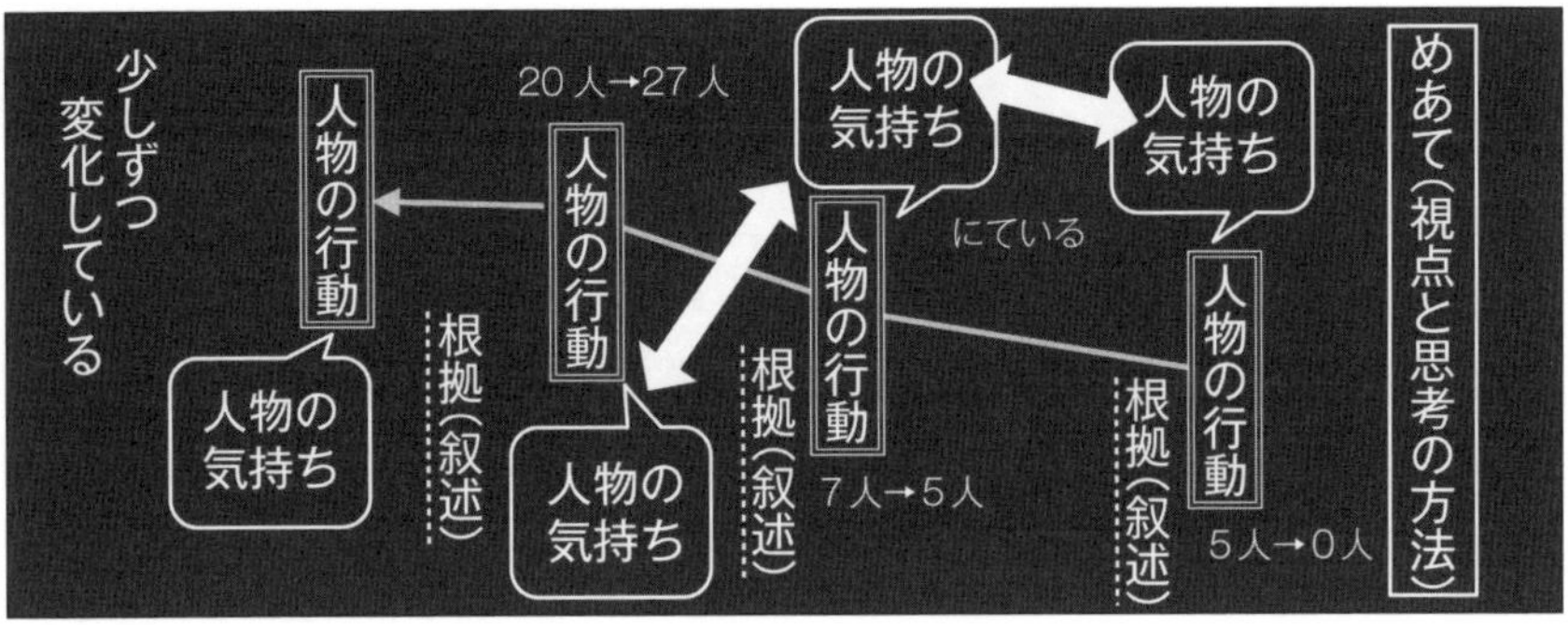

部分をつなげて変化の全体を表す板書モデル

登場人物がどこで変わったか（点）を出し合い、右から左へ物語の時間の流れで配置していく。それぞれの考えの根拠となる叙述や理由・解釈について話し合うことで、違いが少しずつ明確になり、最終的には人物の変化の流れが線で表現され明らかとなる。

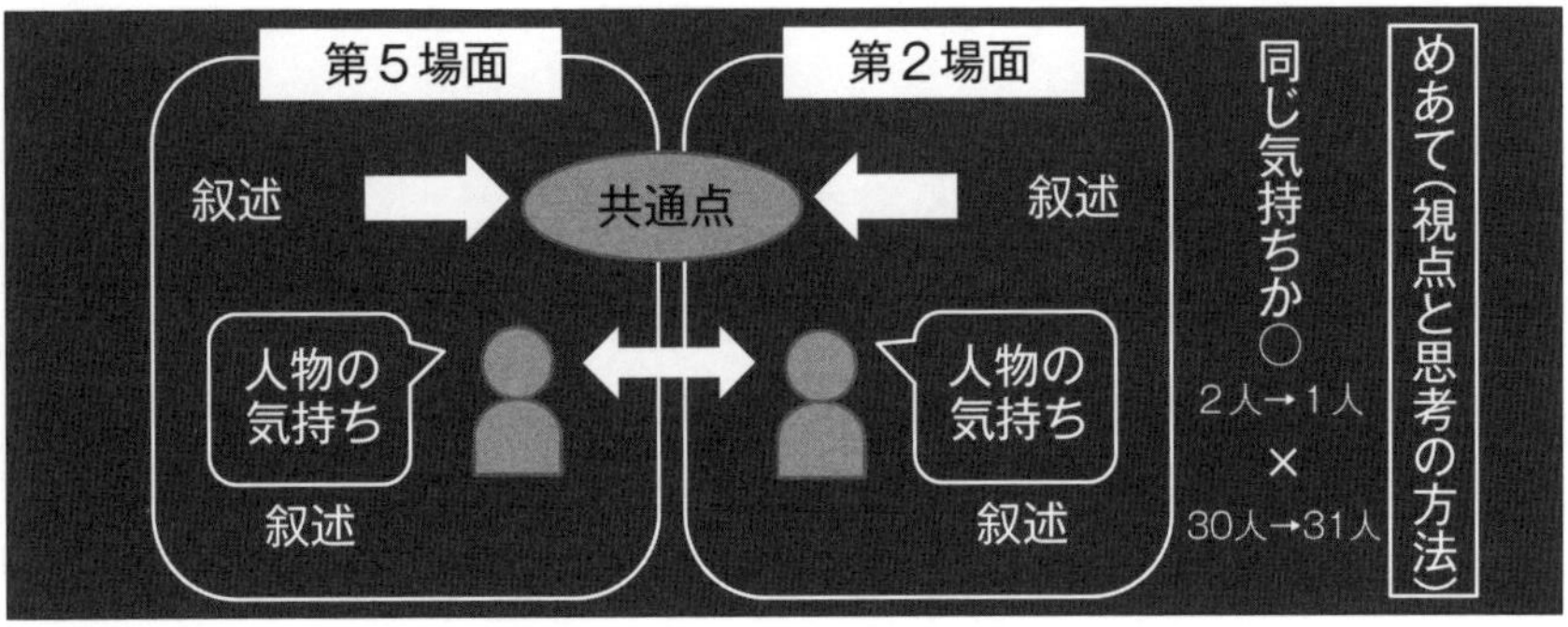

部分を比べて共通点や相違点を表す板書モデル

対比的に描かれているような場面や登場人物などを取り出して、比較しやすいように並べて板書することで、その共通点や相違点を明らかにし、違いが生じている理由や違いの意味などについて話し合う。

黒板を左右だけでなく、上下に分けて比較する場合もある。

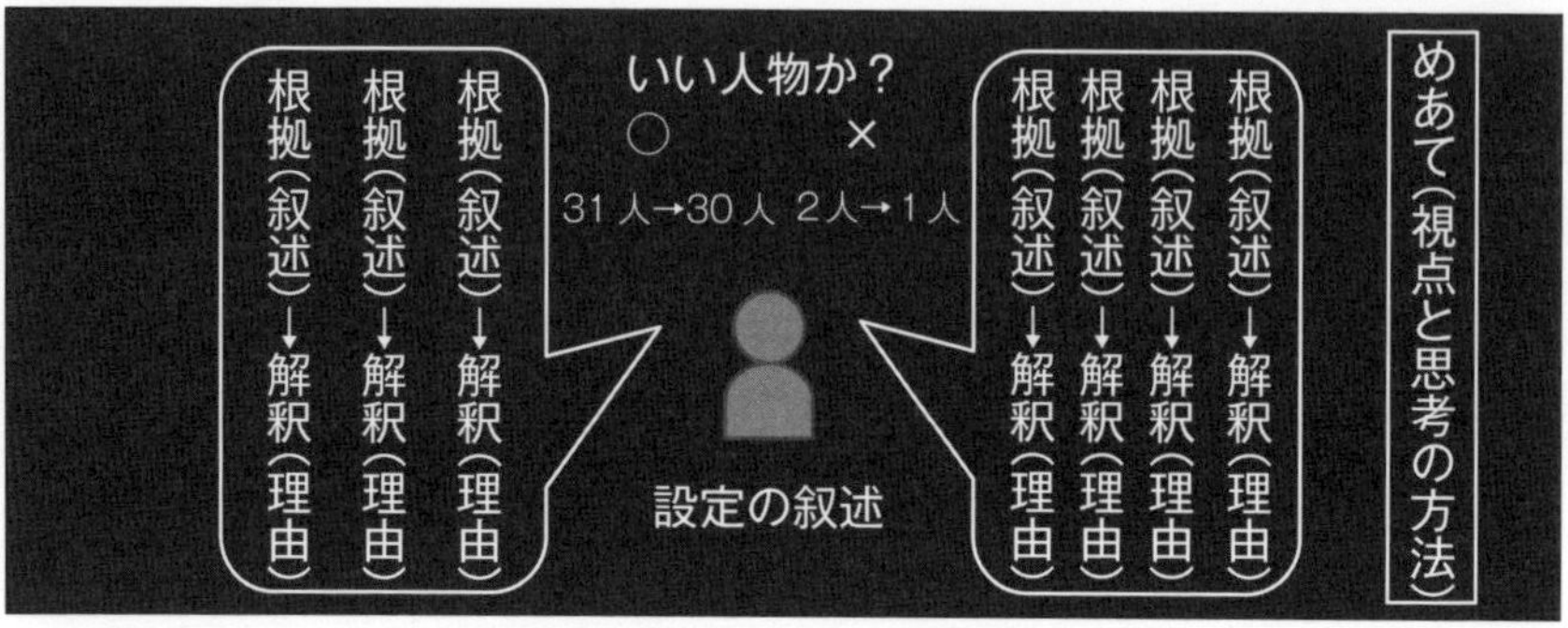

二者択一で判断してその根拠や理由を表す板書モデル

登場人物の人物像や気持ちなどについて判断が分かれる部分について、人物を中心にして左右にそれぞれの根拠となる叙述や理由・解釈を板書していき、登場人物の特性や明示されていない気持ち、それぞれの読者の見方の違いについて明らかにする。

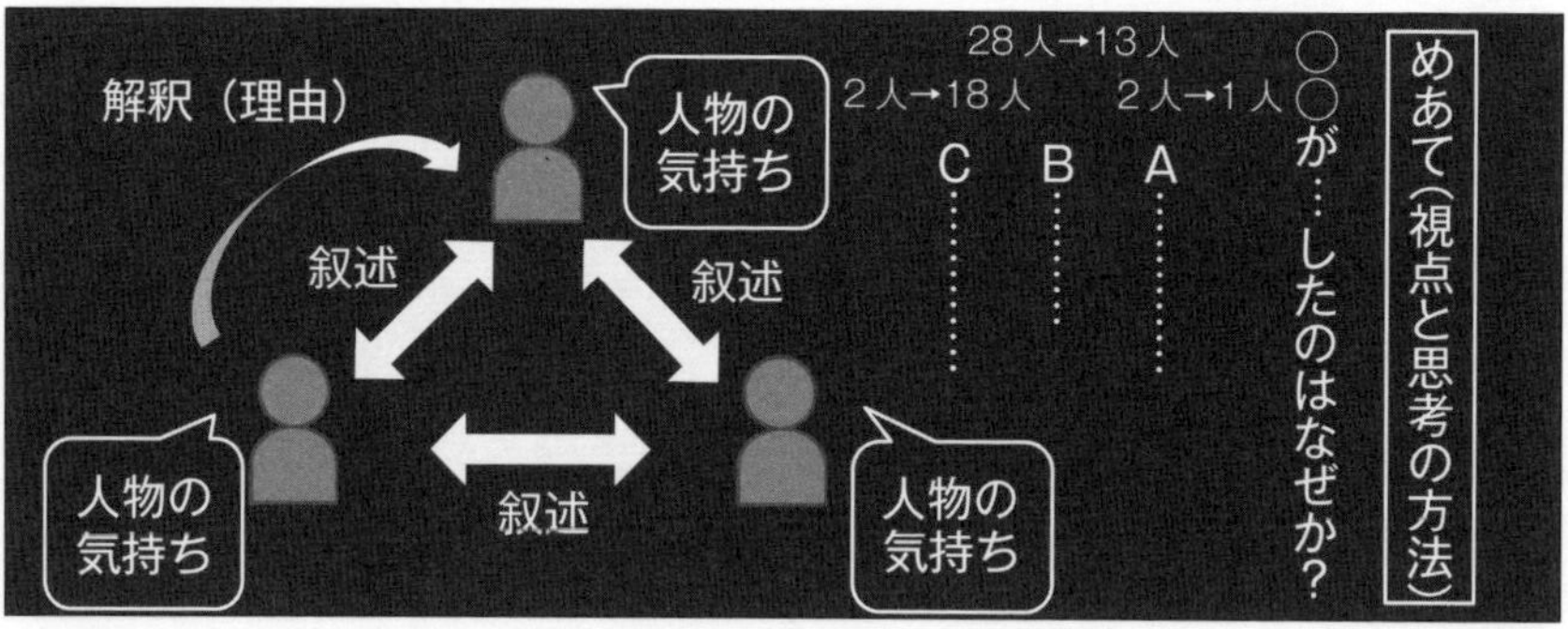

行動の理由となる人物関係を表す板書モデル

登場人物の行動の理由について考えるために、根拠となる叙述や気持ちを出し合う中で、行動の要因となった人物の関係を明らかにする。

選択肢は、最初に子どもたちから出た意見で設定し、人物関係の図と対応させながら話し合う。

文章の「枠組み」を与えるリード文の提示

書くことに慣れていない子どもたちの場合、なかなか鉛筆が動かない理由の一つに、文章の書き出しが分からないということがあります。伝えるべき「内容」をもてていたとしても、そのイメージは頭の中でもやもやとしていて、明確な文章が見えているわけではありません。文章の全体像が見えていないのですから、どんな書き出しをすればいいのかも分からないのです。

そこで、板書によってその時間の学習のプロセスと自分の考えの変容を想起した子どもたちに、まとめ・振り返りのリード文を提示します。リード文を示すことで、子どもたちには振り返りの文章全体の「枠組み」が見えてきます。枠組みが見えることで、子どもたちは自分の考えの変容を見つめることに集中して表現することができるのです。

まとめ・振り返りの書き方には、大きく二つの述べ方があります。

○時系列で考えの変容を述べる

学習の最初に自分がどんな考えをもっていて、話合いの中で誰のどんな意見で何を考え、最終的にどんな考えをもったのかを時間の流れに合わせて書きます。学習の流れを再現させる「学習レポート」のような振り返りになります。

○結論を先、後から根拠、理由を述べる

最終的な自分の考えを先に端的に書きます。その後に、自分がそのように判断する根拠となった叙述や理由となる自分の解釈を書くようにします。これは、「読みの意識の三層構造」を活用した発問と同じ流れです。このような考え方を「読むこと」だけの場面で意識させるのではなく、「話すこと」「書くこと」の表現する場面でも繰り返し意識させていくことが大切です。

また、まとめ・振り返りを書く際には、「やはり」「少し変わって」「全く変わって」のいずれかのことばを書かせるようにします。そうすることで、その時間の自分の考えの変容を見つめる必要が出てきて、学びの自覚化を促すことができるからです。ことばの使い方としては次のように子どもたちと確認をします。

・「やはり」　　…他者との話合いを通して、根拠（叙述）を付加し、結論と理由（解釈）が強化された場合に使う。
・「少し変わって」…他者との話合いを通して、根拠（叙述）を付加し、結論と理由（解釈）を少し修正した場合に使う。
・「全く変わって」…他者との話合いを通して、結論そのものを大きく変更し、根拠（叙述）、理由（解釈）が修正された場合に使う。

まとめ・振り返りのパターンに応じたリード文

前述したまとめ・振り返りのパターンに応じたリード文のモデルをご紹介します。子どもたちに示す際には、子どもの実態や教材の特性、学習の目標に合わせて説明を加えたりアレンジしたりしましょう。

A　学習の流れの再現

> 今日の学習では、（課題）について、…（「視点」「思考の方法」）…を考えながら話し合いました。
> はじめに、…（活動）…をしました。

わたしは、…（考えたこと）…と思いました。

わけは、…（根拠・理由）…からです。

つぎに、…

今日の学習で分かったことは、…（分かったこと）……

（※ 友達のすごいなぁと思った発言、自分の考えをどんどん書こう。）


最初に課題や読み方を書かせます。その後、一単位時間の学習を活動の流れに合わせて説明するように、「はじめに」「つぎに」のようなことばを示しておきます。活動の後に「考えたこと」「根拠・理由」の順番で説明させるようにします。最後に、今日の学習で分かったことをまとめさせます。説明の際に「友達のすごいなぁと思った発言や、自分の考えをたくさん書けたらすばらしいね」と投げかけることで、子どもは友達の発言などを聴いて詳しく書こうとチャレンジするでしょう。

B　最終的な結論（根拠・理由）の説明

今日の学習では、（課題）について、…（「視点」「思考の方法」）…を考えながら話し合いました。

わたしは、（やはり・少し変わって・全く変わって）…（結論）…と思います。

わけは、…（根拠）…から、…（理由）…と思ったからです。
○○さんは、…（違う意見）…と言ったけど、それについては、…と思います。
わけは、…。（※「読み方」について自分との違いを説明できるとすばらしい。）

だから、わたしは、…（結論）…と思います。

最初に課題や読み方を書かせた後で、「やはり」「少し変わって」「全く変わって」のいずれかを使って最終的な自分の考えを表現させます。そして、根拠となる叙述を引用し、理由・解釈を書かせます。その中で自分とは異なる立場の考えに対して、根拠と理由をつけて反論を書かせるようにします。

C　考えの変容の振り返り

今日の学習では、（課題）について、…（「視点」「思考の方法」）…を考えながら話し合いました。

わたしは、最初…（結論）…と思っていました。

わけは、…（根拠）…から、…（理由）…と思ったからです。

授業の中で、…について話し合いました。…

すると、わたしの考えは、（やはり・少し変わって・全く変わって）…（結論）…。

わけは、○○さんの…という意見で、…（根拠・理由）…からです。

（※「読み方」について自分との違いを説明できるとすばらしい。）


最初に課題や読み方を書かせた後で、最初の考えとその根拠や理由を書かせます。そして、授業の流れに簡単に触れた後で、「やはり」「少し変わって」「全く変わって」のいずれかを使って最終的な自分の考えを表現させます。そして、そのきっかけとなった友達の発言によって、自分のもっていた根拠、理由、読み方などの何が強化、付加・修正されたのかを書かせるようにします。

D　題材や読み方の選択、見直し

今日の学習では、（課題）について考えました。

わたしは、最初…（物語、「視点」「思考の方法」）…（を・で）読みました。

すると、…（結論）…ということを考えました。

わけは、…（根拠）…から、…（理由）…と思ったからです。

そして、…（物語、「視点」「思考の方法」）…の読み方をした○○さんと話をしました。

これからわたしは、（やはり・少し変わって・全く変わって）課題解決のために、…（物語、「視点」「思考の方法」）…（を・で）読みたいと思います。

わけは、…（根拠・理由）…からです。

（※選んだ物語や「読み方」の違いについて説明をしましょう。）


最初に課題を書かせた後で、どんな物語や読み方を選択したのかを書きます。そして、その物語や読み方からどのような考え（根拠・理由）を見つけられたのかを書かせます。そして、異なる物語や読み方を選択した友達との話合いを通して、どのような物語や「読み方」で解決していこうと考えたのかについて選択の見直しを行い、「やはり」「少し変わって」「全く変わって」のいずれかを使って表現し、根拠・理由を説明させるようにします。

④ 終末場面　まとめ・振り返りの実際「わかば」「モチモチの木」

その1

三年生になって四月の最初の国語科授業で「わかば」（光村図書三年上）の詩を学習しました。その後に子どもが書いた学習レポートをご紹介します。


今日の学習で「わかば」を読みました。「晴れ晴れ」のことばのいみを話し合いました。

はじめに、「むねが晴れ晴れする」のいみをまず話し合いました。

みんなは、

「すっきり、明るく。」

や
「けんかして、草や木を見た時、あやまった時。」

とい見を言いました。

つぎに、「あんなに晴れ晴れしている。」を話し合うと、〇〇さんが、

「雲一つない青空、明るくかがやいている。」

というい見を言いました。

そして、先生の国語じてんでしらべると、二つのいみがありました。一つ目は、すっきりなどです。二つ目は、空が晴れているなどです。

気づいたことは、○○くんのい見で、

「人間もわかばだよ！」

と言っていたので、なるほどと思いました。

さい後にまとめると、人間はわかばを見ると晴れ晴れして、天は人間のわかばを見て晴れ晴れしているというふうにまとめました。


国語科の最初の授業で、学び方としてこのようなレポートを書かせました。友達の名前を入れて振り返りを書かせ、書いた子どもから教室で立って読ませるようにしました。子どもたちの発表が進むなかで、次第に教室内が温かい雰囲気となっていきます。子どもたちに学び合う読みの授業を体感させることで、学ぶことへの構えがつくられていきます。

その2

「モチモチの木」（斎藤隆介、光村図書三年下）で、ある子が疑問に感じた「じさまはわざとはらがいたいと言ったのか、それとも本当にいたかったのか」についてみんなで話し合いました。この問題については、根拠が少なく、どちらにも読めます。しかし、そこで問題になってくるのは、読み手にある「美意識」です。つまり、どちらの方が自分にとって美しい話だと感じるのかが問われます。そこで、「深める問い」では、「どちらの方が美しいか」を問いました。二人の子のまとめ・振り返りをご紹介します。

今日の学習では、「じさまはわざとはらがいたいと言ったのか、それとも本当にいたかったのか」

について、じさまの考え方を考えながら話し合いました。

わたしは、やはり、じさまがわざといたいふりをした方が美しいと思います。わけは、じさまは豆太のためにうそをついていて、みんなは「やさしいじさまはうそをついてはいけないと分かっている」と言うけど、じさまは豆太が勇気のある子どもで、自分で自分をせめたりしないでほしいという気持ちからの豆太のためのうそだと思います。あと、〇〇さんの言ったことで、家族のきずながあるようで美しいというところも、わざといたいふりをしたことだと思います。それに、じさまのやさしさと豆太がじさまを助けようとしたことが、モチモチの木に灯をともした方が美しいと思います。

それに、豆太が一人で医者様を半道もあるふもとの村までなきなき走ったことがむだになると言っていたけど、豆太は弱虫ではなく、勇気のある強い心を持っていることが分かるからです。

それと、じさまが医者様と話していて、「これは灯がともっていない」ということもじさまと話して、じさまがはらがいたくなるふりをするから来てくださいというようないろいろなことを話したと思います。

だから、いろいろなことから家族のきずなが見えるような感じがして美しいと思いました。


今日の学習では、「じさまはわざとはらがいたいと言ったのか、それとも本当にいたかったのか」について、じさまの考え方を考えながら話し合いました。

ぼくは、やはり、じさまが本当にはらがいたい方が美しいと思います。だって、わざといたいふりをしたんなら、豆太をだましたことだと思うからです。でも、本当だとだましてないと思うからです。だから、本当にいたかった方が美しくて、いいお話だと思います。

あと、じさまが豆太をだましたら、豆太がじさまのために暗い道を、寒くて、いたくて、こわい道をがんばって走った意味が、ただじさまがだましたせいで、何の意味もなくなるし、豆太が足から血を流したことも、ただじさまがだましただけで、豆太が苦しい思いをしたのが、水のあわになってしまうからです。

しかも、じさまは豆太が大すきだし、やさしいじさまが、そんな豆太を苦しませるようなことはしたくないから、豆太の心を強く、自分で自分をおくびょう（弱虫）だと思わせたくなくても、豆太の気持ちになると、やってあげたくても、できないと思います。


リード文を提示してまとめ・振り返りを書かせると、子どもたちはあっという間にノート一ページ以上の文章を書きます。それは、リード文を書き写すだけで、ノート半ページを占めてしまうからです。強い課題意識のもとで集中して話し合い、考えを深めた子どもたちは、構造的に整理された板書を見ながら、自分の考えの変容を振り返り、リード文に乗せて勢いよく文章を書いていきます。

そして、あっという間にページを文字で埋めてしまう子どもたちの姿に、教師が驚きを示し、自分の学びを振り返って文章化していることへの価値付けをしていくことで、まとめ・振り返りを書くことに対する子どもたちの意欲は、どんどんと高まっていくのです。

ポイントのまとめ

●まとめ・振り返りでは、子どもたちが自らの学びのプロセスと変容を振り返って、自分の言葉でまとめていくことが重要である。

●書かせる手立てとして、「振り返りのスイッチとしての構造的な板書」と「文章の『枠組み』を与えるリード文の提示」を行う。

ステップ
10

実践5

子どもの学びをフィードバックし、学びへの意欲をさらに高めよう

①「学びの振り返り」のフィードバックの重要性

学習の最後に、子どもたちがその時間の学習のプロセスと自己の変容を振り返って文章に表現したことで、「学び合う読みの授業」が実現されたかというと、そうではありません。

子どもたちはそれぞれに自己の学びを振り返って表現しただけで、その学びのレベルはばらばらの状態です。自分の学びにどれだけの意味や価値があったのかを自覚しないままになっています。

子どもたちの学びへの構えをさらに高めていくには、自己の学びを振り返ることのよさを実感させるためのさらなる「振り返り（フィードバック）」が重要です。つまり、子どもたち自身が表現したまとめ・振り返りの文章をもとに、その学びにどのような意味があるのか、どのような学びが価値高いのか、これからどのような学びへと発展させていけばいいのかなど、教師による「意味付け・価値付け・方向付け」を行っていくのです。

そうすることで、子どもたちが自分や他者の学びの価値を自覚化、共有化することを図るとともに、次の学びに対するさらなる意欲を高めるようにします。

② 学級通信によるフィードバック

フィードバックには、様々な方法が考えられます。例えば、一人一人のノートにコメントを書いて返す、ノートのコピーや活字に打ち替えたものにコメントを書いて学級に掲示する、何人かの子に全体の前でノートの文章を読み上げさせてコメントするなどがあるでしょう。

しかし、わたしがいつも先生方にお勧めしているのは、学級通信によるフィードバックです。学級通信によるフィードバックとは、子どもたちの書いたまとめ・振り返りの文章を学級通信に掲載して配付する方法です。「難しそうだ」と感じられる方もいるかもしれませんが、そんなことはありません。子どもたちにフィードバックを促す学級通信の作成方法について簡単に説明します。

> ① まとめ・振り返りを書いた子どもたちのノートを読み、一言ずつ簡単なコメントを書く。
> （※通信の中でコメントを返すので、長くは書かなくてもいい。難しければ、〇だけでもいい。）
> ② 子どもたちのノートから数人分の文章を選ぶ。（※選択の視点が大切）
> ③ 学級通信で簡単に学習の説明をし、選択した子たちの文章を載せる。
> ④ 一人一人の文章に対して、「意味付け・価値付け・方向付け」をする教師のコメントを入れる。

学級通信に載せる子どもの文章を選ぶ視点として、子どもたちに「学ばせたい内容や価値があるもの」、「教師が意味付けられるもの」、「考えさせたい疑問があるもの」などがあります。また、掲載した回数を子どもの名簿に記録していくことで、掲載する子どもの偏りを防ぎます。号を重ねる中で、全員の子どもたちの文章を取り上げていくことが大切です。

作成した学級通信の配付の仕方にもポイントがあります。それは、ただ配付するのではなく、配付後に、必ず読み聞かせをすることです。文字の多い学級通信を配付しただけの場合、それを読まない子が出てくる可能性があります。読み聞かせをすることで、全員が一度は読むことになり、書かれている内容を共有することができます。

また、配付は、朝の会や帰りの会のような時間だけでなく、授業の開始直後など、子どもたちの意欲を最も喚起できるタイミングを逃さずに行うようにします。

学級通信によるフィードバックの効用

学級通信によるフィードバックは、子どもたちの学びに多くの効用をもたらします。

○子どものたちに満足感をもたせる

自分が書いた文章が学級通信に掲載されて、みんなの前で教師によって読み上げられるだけでなく、それを意味付けたり、価値付けたりしてもらうことは、子どもたちにとって大きな喜びとなります。

その満足感は、「自己の学びを振り返って書くことのよさ」へとつながっていきます。

子どもたちは、教師から出される学級通信を読むことが楽しみとなり、配付するとすぐに、「今日は○○さんが載ってるよ」と教え合う声が聞かれるようになります。

○学びの共有化を促す

子どもたちは学級通信に書かれた友達のまとめ・振り返りの文章を読み、互いにどんな学びがあったのかを知ることができます。そして、全員で教師のコメントによる「意味付け・価値付け・方向付け」を読んで、どのような学びに価値があるのかなどを共有することができます。また、前回の授業では確認が十分でなかったことなども、学級通信で再度確認をすることができます。

一人一人のノートに丁寧にコメントを返していくことも大切なことです。しかし、それは教師と子どもの一対一の対話となり、学びを他の子どもたちと共有することができません。フィードバックにかけた時間と効果を考えると、学級通信のように全体で共有できるものの方が効果は大きいように思います。

○モデル化・意欲化を促す

学級通信に掲載した子どもの文章を教師が「意味付け・価値付け・方向付け」をすることで、その文章の書き方がモデルとなり、前回うまく自分の考えを表現できなかった子もその書き方を参考にして書くことができます。また、「次は自分の文章を載せてほしい」という思いから、まとめ・振り返りを書くことへの意欲を高めます。

実際、子どもたちは授業を重ね、学級通信の号を重ねるごとに、書く文章が長くなったり、友達の書き方のよさを取り入れて分かりやすく書けるようになったりします。

○前時学習の想起、課題の共有化

学級通信によるフィードバックは、授業の導入にも生かせます。なかなかことばで伝えるのは難しいのですが、物語を読む際には、情緒的な感覚、物語を読むモードへの切り替えが必要です。教師の説明による導入の形にはなりますが（実際は通信の中で子どもたちが文章を通して語っています）、学級通信を読み上げるだけで、前時の学習を想起し、物語を読むモードに切り替えることができます。

また、次の課題につながる疑問を書いている子の文章を載せて教師が「意味付け・価値付け・方向付け」をすることで、その時間の課題として設定することができます。そうすることで、友達が書いた疑問の書き方を参考にして、次への学びに向けた疑問を書き出す子も出てきます。


いかがでしょうか。これらの効用の他にも、学級通信を子どもたちに持ち帰らせることで、保護者に対して教師の子どもたちへの見方を伝えるメッセージにもなります。

実際、多くの保護者が学級通信をとても喜んで読んでくださいますし、学級通信を通して家族でのコミュニケーションが生まれたり、教師と保護者との間で共通の話題で話せたりします。

また、子どもたちに配付した学級通信を残しておくことで、教師にとっても貴重な実践記録となり、毎回の授業で子どもたちにどのような学びを生み出し、何が実践上の課題として残ったのか、省察の材料にすることもできます。


学級通信によるフィードバックは、一見手間がかかるように感じられるかもしれませんが、その効果は非常に大きいものがあります。何より子どもたちが学びを深め合い、学ぶことへの意欲を高めていることを実感として感じることもできます。

③ 学級通信によるフィードバックの実際

一七四頁から、子どもたちに配付した学級通信のいくつかをご紹介します（実際はイニシャルではなく、名前を出して紹介しています）。

一七四頁は「ないた赤おに」、一七六頁は「あしたも友だち」の学習時のものです。根拠のことばを「証拠」として挙げながら考えを述べることへの価値付けを意識しています。

一七八頁は「モチモチの木」の学習時のもので、「仮定する」考え方への意味付け・価値付けをしています。

一八〇頁は「おにたのぼうし」の学習時のもので、友達の疑問をきっかけに、話合いを通してみんなで考えを深められたことを価値付けしています。

一八二頁は「手ぶくろを買いに」、一八四頁は「ごんぎつね」の学習時のものです。ことばのつなぎ方や「仮定する」考え方、「比べる」考え方などへの意味付け・価値付けをしています。

また、「ごんぎつね」の最後では、問いを残し、学習の導入場面で読み聞かせをして、本時学習の課題へと方向付けをしてつなげていきました。

ポイントのまとめ

- 「学びの振り返り」を子どもたちにフィードバックすることが重要である。
- フィードバックには、学級通信を用いると、学習への意欲の喚起など様々な点から効果的である。

二の一　生かつ　かわらばん　平成二二年　一一月　三〇日

チャレンジ&《アンド》ドンマイ

〇〇小学校　二年〇組　一三七号

旅に出る青おにの思い

昨日は、四人のお客様が二年一組の「ないた赤おに」の授業を見に来られました。子どもたちも気合い十分です。

まず、みんなが書いた「旅に出る前日の夜に書いた青おにの日記」をもとに話合いを行いました。みんなが書いた日記を発表し合うと、青おにが旅に出る気持ちで、「行きたいと思っている」「行きたくないと思っている」に分かれていることに気付きました。そこで、子どもたちが話合いをしました。両方の理由を聞いていると、共通点が見えてきました。子どもたちに聞いてみると、「どちらの意見にも『赤おにと友だちだから』ということがある。」

その後、文章の中から青おにが赤おにのために我慢ができるおにであるという証拠をみんなで見つけて、話し合いました。

授業への集中する子どもたちの姿にすごく成長を感じました。

今日は、たびに出る青おにの気持ちについて話し合いました。

ぼくは、赤おにとなかよしだからいっしょにいたい・行きたくない、でも赤おにくんのためなら、という気もちでたびに出たと思います。

わけは、赤おにくんとなかよしだから、いっしょにいたくて、でも行かないと、えんぎまでしたいみがないし、赤おにくんは、本とうはわるいおにだと思われるからだと思います。

K・M

Kくんは、青おにのふくざつにゆれる心をよく考えられていますね。じゅぎょうでもよくがんばっていました。


今日は、たびに出る青おにの気持ちについて話し合いました。

わたしは、りょう方だと思います。

わけは、青おにには、行きたくないけど行かなくちゃいけないからと思います。

そのしょうこは、「なあに、ちっともかまわない」のところは、青おにはポカポカなぐられるのは、本とうはいやだったけど、赤おにのためにがまんをしていて、「わざとはしらにひたいをこつんとうちあてました。」のところは、青おには、自分ではしらにひたいをぶつけたくなかったけど、赤おにのためを思って、わざとはしらにひたいをぶつけていて、「だめだめ。しっかりうつんだよ。」のところは、青おには、しっかりうっていいたい思いをするのはいやだけど、がまんしていて、たびに出るのもすべて赤おにのためだから、わたしはりょう方だと思います。

O・R

Oさんは、ことばの「しょうこ」を挙げながら、青おにがどんな気持ちで行どうしていたのかをよく考えていますね。

二の一　生かつ　かわらばん　平成二三年　二月　一七日

チャレンジ＆《アンド》ドンマイ

一八〇号

〇〇小学校　二年一組

きつねの気持ち

昨日の授業では、「あしたも友だち」のきつねがおおかみの真実を知った場面の学習を行いました。

子どもたちの日記をもとに、きつねにおおかみへの「ごめんね」という気持ちがあるのか、おおかみのことを「やさしいなあ」という気持ちがあるのかについて話し合いました。前号までにもお伝えしましたとおり、子どもたち、よく考えてがんばっていました。子どもたちの結論をご紹介します。

わたしは、やっぱりやさしい・ごめんねはあると思います。

わけは、おおかみさんは、森一番のらんぼうものなのに、くまさんをたすけてやさしいと思っていて、おおかみさんは、くまさんをかんびょうしていただけなのに、きつねはおおかみさんに友だちができたんじゃないかとうたがっていたけど、本当はくまさんがけがをしていて、おおかみさんは、かんびょうをしていただけだったから、ごめんね・やさしいはあると思います。

S・A

Sさんは、物語の話のながれから二つの気持ちのしょうこをしっかりと見つけていますね。自分の考えが強くなっていますね。

きつねの気もちは、やっぱりおおかみさんのことを、やさしいなあと思ってると思います。わけは、「やさしいやつ」のところで、やさしいやつって言われたらはずかしいから言わなかっただけで、本当はやさしいきつねは心の中で、おおかみはやさしいと思っていると思います。

なぜ、やさしいなあと思うかというと、くまがけがをしてたのをおおかみがたすけたからです。あと、くまのくりをふまないで行ってあげたから、きつねはやさしいなあと思っていると思います。

さいごの「あしたも友だちだよう。」のところは、きつねが、おおかみのことをやさしい、すっごくいい友だちだから言ったと思います。

M・K

Mくんは、ことばのしょうこをいくつも見つけて、きつねの気持ちをしっかりと考えられていますね。せつ明が上手ですね。

わたしは、やっぱりごめんね（A）というきつねの気もちもあるけど、やさしいなあ（B）の気もちもあると思います。

理ゆうは、Aのところは、新しい、ぼくよりもいい友だちができたとうたがってしまったこと。Bの気もちは、きつねとおおかみがあそんでいたら、きつねもわるいどうぶつだと思うから、自分ではいけないことやわるいこと、あと、からかってあそぶくらいなのに、もっとわるいおおかみが（くまをたすけることが）できていたから。もう一つは、「あしたも友だちだよう。」のところは、大親友が人をたすけたのがほこらしい気もちで言ったと思います。

Y・S

Yさんは、その前のじゅぎょうはお休みしていたけど、少しふくしゅうしただけで、ここまで考えることができましたね。「ほこらしい気もち」…、するどいです。

三の二　生活　かわら版　平成二四年　一月　二三日

ナナコロビ　ヤオキ

一六三号

○○小学校　三年二組

じさまって、どんな人物？

国語科「モチモチの木」で、右の課題について話し合いました。子どもたちは、直観的に口々に「やさしい」と答えました。そこで、じさまの優しさが分かるところについて話し合いました。子どもたちは、人物の行動の裏にある心情について推測しながら、真剣に話し合っていました。

今日は、じさまの行動から、じさまがどんな人物かについて話し合いました。

O・M

わたしは、じさまはやっぱりやさしいと思います。だって、一ページの十行目と十一行目に、「どんなに小さな声で言っても、『しょんべんか』とすぐに目をさましてくれる。」と書いてるからです。理由は、小さな声でも起きるということは、豆太がかわいいと思ってると思うからです。

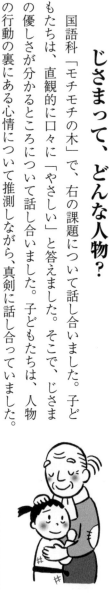

二つ目は、四ページの六行目と七行目に。「ま、豆太、心配すんな。じさまは、ちょっとはらがいてえだけだ。」と書いてあるからです。

Oさんは、じさまが「やさしい」しょうこを二つも見つけたんですね。自分の考えのしょうこを文章から見つける力は大切です。力がのびてきましたね。


今日は、じさまの行動から、じさまがどんな人物かについて話し合いました。

ぼくは、じさまがやっぱりやさしいと思います。

しょうこは、一ページの九行目と十行目と十一行目の「じさまは、ぐっすりねている真夜中に、豆太が『じさまぁ。』って、どんなに小さな声で言っても、『しょんべんか』とすぐに目をさましてくれる。」の場面のところだと思います。

なぜなら、豆太がかわいそうでかわいかったと書いているからです。

〇〇さんが言ったみたいに、もしも、かわいそうでかわいかったと思っていないとしたら、真夜中に豆太が小さい声で「じさまぁ。」と言っても起きないと思います。その後、豆太が大きな声で「じさまぁ。」と言って起きたとしても、「せっちんは表にあるから一人で行って来い。」と言って、ねると思うからです。

N・K

N君は、じさまが「やさしい」しょうこからその理由を深く考えていますね。「もしも、そうじゃなかったら…」という逆を考える方ほう、なるほど、いいですね。


今日は、じさまの行動から、じさまがどんな人物かについて話し合いました。

わたしは、じさまがやっぱりやさしい人だと思います。

わけは、一ページの九行目から十一行目までの「じさまがぐっすりねている真夜中に『じさまぁ。』って、豆太がどんなに小さな声で言っても、『しょんべんか』とすぐに目をさましてくれる。」というところです。

なぜぐっすりねむっているところで、小さい声でも起きるのかというと、豆太のお父さんもお母さんも、この話の中でお父さんが死んで、お母さんは出てきていないから、じさまは豆太のことがかわいそうで、すきと思っているからだと思いました。

あと、〇〇君が言っていたけど、たくさんやさしいことをしてあげているからです。それに、じさまのあとつぎで、豆太のおとうがりょうしをしていて、くまと組みうちして、頭をぶっさかれて死んでしまったんだと思います。

わたしもこの話と同じようにだれかがそうなると、じさまみたいになると思いました。だから、じさまは豆太にやさしくしてあげているんだと思いました。

K・R

Kさんは、じさまが「やさしい」と分かるしょうこから、じさまがやさしい理由について考え、「自分だったら…」を考えたんですね。すばらしいです。

三の二 生活 かわら版　平成二四年 二月 九日

ナナコロビ ヤオキ

〇〇小学校　三年二組　一七六号

かなしい美しさ

国語科「おにたのぼうし」の授業の中で、Kさんがみんなに質問をしました。

「物語の最後の黒い豆はだれが持ってきたと思いますか。」

その問いかけに、すぐに三年二組の教室のあちこちからつぶやきが聞こえてきました。わたしが、その何人かに考えを聞いてみると、

「おにたが豆を置いた」と「おにたが豆になった」という二つの考えに分かれました。子どもたちは、ペアで話し合いながら自分の考えを見直した後で、考えを発表していきました。子どもたちは、証拠を挙げながら上手に説明しました。そこで、わたしから、

「では、『豆を置いた』と『豆になった』のどちらの方が、お話として美しいと思いますか。」

と問いかけると、子どもたちからはすぐに「豆になった方！」と返ってきました。

ぼくは、おにたが豆になった方が美しいと思います。だって、豆をおいただと、ただ豆をおいていっただけで、おにたのそんざいはまだのこっていて、豆になっただとおにが豆になって、もうもどれないのに、女の子のために、お母さんのために、そんざいを消してまで、豆になったから、豆になった方が美しいと思います。それに、「おにが来れば、お母さんの病気が悪くなるから」と女の子が言っていて、それで悲しいけど、お母さんのために豆になったからです。

S・K

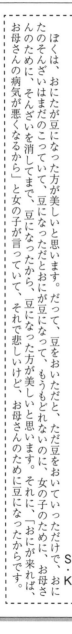

S君は、おにたが「そんざいを消してまで」女の子のお母さんのために豆になった方が美しいと感じたんだね。

わたしは、おにたが豆になった方が美しいと思います。わけは、おにはわるいと人間は決めています。そして、女の子のお母さんがよくなるためにおにたは豆になったんだと思います。どうして豆をおいたのが美しくないかというと、おいていったら、心がこもってなかったり、自分をぎせいにしたくないという気持ちがありそうだからです。

逆に、豆になった方は、自分をぎせいにしてでも女の子のお母さんに元気になってほしいという気持ちが美しいと思いました。

T・M

Tさんの書いている自分と他の人を大切にする気持ちはいっしょにはできないのかなあと思いました。もし、できるなら、おにたに教えてあげたいね。

ぼくは、おにたが豆になった方が美しいと思います。なぜなら、女の子が「おにが来れば、お母さんの病気が悪くなる」と言ったから、自分がおにだから自分で豆になって、女の子に豆まきをさせて、他のおにが来ないようにしたと思います。

あと、女の子が「おにが悪い」みたいなことを言ったので、おにたも悪いみたいになったので、自分で豆になる方が美しいと思います。

I・A

I君が書いているように、もしかしたらおにたは自分が豆になって、他の悪いおにから女の子とお母さんを守ってあげたのかもしれないね。

授業を終えて、Kさんは、「悲しくて、美しいと思いました。」と書いていました。三年二組のみんなは、そんな深いことを感じられるようになっているんですね。

四の二 生活 かわら版 平成二五年 二月 一日

ナナコロビ ヤオキ

一六六号

○○小学校 四年二組

なぜ人間の親子の場面が必要なのか

今週水曜日の国語科「手ぶくろを買いに」の学習では、物語の場面構成が読者にどんな思いをもたせるのかについて話し合いました。とても高度な課題ですが、子どもたちは本当によく考えていました。

「手ぶくろを買いに」を読んで読者がやさしい気持ちになるひみつを探すために、今日は、「場面構成」の観点から、「人間の親子が出てくる場面が、読者のやさしい気持ちに関係があるのか」についてみんなで話し合いました。

O・M

わたしは、人間の親子の出てくる場面は読者に生まれるやさしい気持ちに関係があると思います。ぼうし屋さんだけでいいんじゃないかと思ってしまう読者。でも、ぼうし屋さんはお金をもらって、手ぶくろをくれたわけだし、きつねは人間のすがたを知らないのです。というわけで、人間の親子を登場させて、人間はやっぱりやさしいんだときつねに思わせたんだと思います。

あともう一つは、読者に向けてです。読者は、この場面がないと少しだけでも感情が変わると思います。親子が出ていなかったら、子ぎつねは母さんぎつねのところまでとんでいきません。とんでいかなかったら、きつねが母さんぎつねのことを好きだということが分からないからです。だから、読者に向けての場面だと思います。あと、一二〇ページの三から七行目です。なぜこの場面がいるのだろうかと考えてみたら、読者に向けて書いているんだと思いました。そのようなこわい目にあって子ぎつねに一人で手ぶくろを買わせに行くのです。

関係ないような場面もお話の中では必要なものであり、また読者の感情を変えるという大切なものです。場面構成は大切ということが分かりました。

Oさんは、母さんぎつねのこわい目にあった経験の人間とこの場面の人間とをつなげて考えられていましたね。離れた場面とつなげて考えられるのはすごいです。

I・M

「手ぶくろを買いに」を読んで読者があたたかい気持ちになるひみつを探すために、今日は、「場面構成」の観点から、「人間の親子が出てくる場面が、読者のあたたかい気持ちに関係があるのか」についてみんなで話し合いました。

わたしは、人間の親子の出てくる場面は読者に生まれるあたたかい気持ちに関係があると思います。わけは、人間のやさしさがえがかれているからです。そのやさしさは、一二六ページ六行目から一三行目に書いてあります。「子ぎつねがねむるときにも、やっぱり母さんぎつねはあんなやさしい声でゆすぶってくれるからです。」は、「〜ときにも」だから、人間のお母さんも同じだということだからです。この場面があることで、「人間はやさしい」という子ぎつねの理由や、この物語の人間のやさしさが分かるからです。実際は、ぼうし屋さんはあまりやさしくなくて、本当はただ単に商売をしているだけだから、ぼうし屋さん＋人間の親子で、人間のやさしさが増し、あたたかくなる気持ちにえいきょうするからです。

逆に、もしこの場面がなかったら、読者からは「人間はそんなにやさしくない。」や「そこまであたたかい気持ちにならない。」となり、きつねからは「別にこいしくならない。」や「人間はふつうにやさしい。」となるからです。だから、この場面がなくなると、ようするに感動のきっかけがなくなります。きっかけは、事の発たん・始まりです（辞書で調べていません）。だから、この場面がないと、読者の一番あたたかい気持ちにえいきょうします。場面のきっかけがないと、その場面ごと無くなってしまうから、この場面は重要な場面です。この場面自体であたたかくしながら、次の場面のきっかけにもなるところです。この場面がなかったら、次の場面だけでなく、さらに全場面にえいきょうします。この場面があるからこそ、あたたかくなると言えるぐらい関係があると思います。

Iさんは「この場面があることで」「この場面がなかったら」「人物にとっては」「読者にとっては」で考えていますね。物語が読者に感動させるひみつをよく見ぬいています。すばらしい。

四の二 生活 かわら版 平成二五年 二月 九日

ナナコロビ ヤオキ

一七三号

〇〇小学校 四年二組

ごんと兵十のくいちがい

「なぜ『ごんぎつね』が悲しい、切ない気持ちになるのか」について、人物の観点からみんなで読みました。子どもたちの考えを読んでいると、ごんと兵十のどちらにも悲しさがあり、二人の「くいちがい」から、ごんが命を落とすことに悲しさを感じる子が多いようです。

U・D

「ごんぎつね」を読んで、読者が悲しい気持ちになるひみつを探すために、今日は、人物の観点から読みました。「ごんの設定（せってい）や変容（へんよう）」について話し合いました。

ぼくは、読者が悲しい気持ちになるのは、ごんと兵十の考えがくいちがっているからだと思います。ごんは自分の過ちをつぐなうため、くり、松たけ、いわしなどを置いていきます。兵十はそれを神様のしわざだと思っていて、きつねのごんをうらんでいます。このごかいから、兵十がごんをうってしまうことが起きてしまうからです。

でも、兵十はごんをうってしまった時、とてもこうかいしたと思います。「火なわじゅうを取り落とした」のは、ごんを理解したからです。

この作品は、とても悲しい話だと思います。


U君は、「ごかい」や「くいちがい」から、悲しい結末になることに悲しさを感じるんですね。

「ごんぎつね」を読んで、読者がさみしい気持ちになるひみつを探すために、今日は、人物の観点から読みました。「ごんの設定（せってい）や変容（へんよう）」について話し合いました。

ぼくは、読者がさみしい気持ちになるのは、ごんのやさしさといたずら心だと思います。わけは、一人ぼっちでさびしいからいたずらをしたけど、それをちゃんと反省して、一四ページの五行目のようにくりをあげたりしたけれど、最後はうたれて死ぬからです。

ごんは、最後の方で兵十にやさしくしたのに死んだので、ごんが兵十にすごくいろんな物をあげてやさしくしてたので、よけいに切なく・悲しくなるんだと思います。

みんなが切なく・さみしくなるのは、最後の二〇ページの六行目でもうたれて悲しくなるけど、二一ページの一、二行目のくりとかあげたのがごんだったから、さみしく・切なくなるんだと思います。

それから、最初のところもそうで、四ページの六行目の「ごんはひとりぼっちの小ぎつねでしだのいっぱいしげった森の中にあなをほってすんでいました。」のところも「手ぶくろを買いに」のきつねと比べると、かわいそうだから、心が何かさみしく感じます。わけは、「手ぶくろを買いに」のきつねは、親子だし、愛情も感じられるけど、ごんの場合は、一人ぼっちだからそこもさみしくなります。

H・T

H君は、「手ぶくろを買いに」の子ぎつねと比べたときのごんの設定や兵十にやさしくしたのに殺されてしまうごんにさみしさを感じるんですね。


（前略）また、兵十からも切なさを感じられます。兵十は不幸のような気がします。わけは、うなぎをごんにぬすまれたり、いわし屋になぐられたり、毎日くりや松たけを持ってきてくれるごんを殺したりしたからです。持ってきてくれるということは、ごんが持ってきてくれていることを知らないかもしれないけど、殺す気持ちも分からなくはないけど、命をあやめることは人の力でやってはならないものだと思います。

それから、兵十のおっかあのおそう式も切ないように感じます。わけは、人が死ぬことはいいことではなく悪いことでさびしくなるからです。兵十は、すべてにおいてかわいそうな気がします。また、びんぼうもつらいと思います。だから、兵十は全てにおいてつらいのだと思います。つまり、切ないような気がします。

でも、ごんもいろいろと後かいしているので、切ないような気がします。だから、この「ごんぎつね」というお話は切ない気持ちになるのだと思います。

H・M

H君は、ごんだけでなく、兵十の不幸な状きょうにも気づいていますね。そして、また、自分のためにくりを持ってきてくれていたごんをうってしまった兵十は、どんな気持ちだったんでしょうね。

〈参考文献〉

・田近洵一『創造の〈読み〉』東洋館出版社、一九九六
・浜本純逸『文学を学ぶ　文学で学ぶ』東洋館出版社、一九九六
・石山脩平『教育的解釈学　国語教育論』明治図書、一九七三
・井上正敏『文学の機能と指導過程』明治図書、一九七二
・藤原　宏『関係把握による読み方指導』明治図書、一九八四
・S.フィッシュ『このクラスにテクストはありますか　解釈共同体の権威3』みすず書房、一九九二
・秋田喜代美『読む心・書く心　文章の心理学入門』北大路書房、二〇〇二
・秋田喜代美、久野雅樹編『文章理解の心理学　認知、発達、教育の広がりの中で』北大路書房、二〇〇一
・市川伸一編『認知心理学4　思考』東京大学出版会、一九九六
・波多野誼余夫編『認知心理学5　学習と発達』東京大学出版会、一九九六
・文部科学省『小学校学習指導要領解説　国語編』平成二〇年八月
・文部科学省『小学校学習指導要領』平成二九年三月
・野口芳宏『子どもは授業で鍛える』明治図書、二〇〇五
・高垣マユミ編著『授業デザインの最前線2　理論と実践を創造する知のプロセス』北大路書房、二〇一〇
・立石泰之『たしかな教材研究で読み手を育てる「ごんぎつね」の授業』明治図書、二〇一五
・立石泰之編、重廣　孝著『たしかな教材研究で読み手を育てる「大造じいさんとガン」の授業』明治図書、二〇一五
・立石泰之編、川上由美著『たしかな教材研究で読み手を育てる「おおきなかぶ」の授業』明治図書、二〇一六

おわりに

随分昔のことですが、音楽科を専門とする尊敬する先輩に尋ねたことがあります。

「感覚・センスを高める方法ってあるんですか。」

国語科の目標にも掲げられている「言語感覚」。その感覚という掴み所の無いようなものをどのようにして高めていけばいいのか考えていた時期でした。感覚やセンスというものは先天的なもので、高められないのではないかという懐疑的な思いをどこかにもっていた気もします。そこで、「音感」が必要とされる音楽科の先輩に質問してみたのです。先輩の回答は、明快でした。

「やって見直すの繰り返ししかない。」

そのとき、私は目から鱗が落ちるような思いがしたのを覚えています。

日々の授業のなかで、子どもたち自身に考えや方法を自覚的に見直し続けさせていくには、指導者である教師が、内容の系統性や汎用性を意識して、繰り返し考えさせていくような計画をし、広い視野で指導していかなければなりません。日々の授業のなかで目の前の指導目標ばかりに気を取られてしまい、国語科教育全体を見渡して子どもに力を付けていく視点が私には欠けていたのです。この視点は、今求められている「資質・能力」の育成にもつながるものです。

また、当時の教師仲間の間では、「あの人には授業センスがある」というようなことばもありました。先輩のことばは、授業の感覚・センスは高めることができる、という私の希望にもなりました。そのためには、日々の授業のなかで、自覚的な指導を心がけ、「やって見直すの繰り返し」を行っていくしかありません。そこから、毎日の子どもたちとの国語の授業が、私にとっての修行の場となりました。

「今日の授業の課題や発問は、子どもたちの意欲を引き出し、考えを深めるものになっていたのか」

「今日の授業で、自分は子どもたちの声を聴いて、対話を生み出すことができていたのか」

本書にまとめた内容は、このように私が授業づくりにもがき、足掻いていた反省の日々のなかで、そのよさを実感したり本や先輩方から教えてもらったりして掴み取ったものをまとめたものです。

今回、原稿をまとめていく作業を通して、過去の授業の記録を見直す機会をいただきました。そして、子どもたちに教えてもらっていた自分に改めて気付きました。子どもたちの示す様々な反応から、彼らの考え方を学び、自分の至らなさを思い知らされ、手応えを感じて授業をつくる喜びを感じながら、国語教師として現時点まで成長させてもらいました。子どもたちには心から感謝しています。

教育界は、教員の大量退職・大量採用時代を迎えました。多くの若手教師が日々学校現場でもがきながら、国語科授業づくりに奮闘していることと思います。授業力は、一朝一夕に身に付くものではありません。誰もが失敗を繰り返して成長します。そのなかで、どのような状況でも自覚的に自分を高めようと前向きにチャレンジし続けられるかが大切です。その際に、本書が多くの先生方に少しでも勇気を与えられる存在になればと願ってやみません。

本書の出版に当たり、明治図書出版の坂元菜生子様、木山麻衣子様には、多くの助言や励ましをいただきました。深くお礼申し上げます。

二〇一七年六月

立石　泰之

【著者紹介】

立石　泰之（たていし　やすゆき）

1972年，福岡県春日市に生まれる。東京学芸大学卒業。福岡県公立小学校教諭，広島大学附属小学校教諭を経て，現在，福岡県教育センター指導主事。全国大学国語教育学会，日本国語教育学会会員。全国国語授業研究会理事。

著書に，『たしかな教材研究で読み手を育てる「ごんぎつね」の授業』他，同シリーズ（明治図書）。分担執筆では，『読解力を育てる　言語活動の充実をどう図るか』（東洋館出版社），『教科書教材の言葉を「深読みドリル」辞典～この一語で広がる教材の見方～』（明治図書），『「新たな学び」を支える国語の授業　思考力・判断力・表現力の育成を目ざして』（三省堂），『読解と表現をつなぐ文学・説明文の授業』（学事出版）などがあり，雑誌原稿として『教育科学国語教育』（明治図書）『学校教育』（広島大学附属小学校学校教育研究会）への掲載多数。

〔本文イラスト〕木村美穂

国語科授業サポートBOOKS
対話的な学び合いを生み出す　文学の授業「10のステップ」

2017年7月初版第1刷刊　©著　者　立　石　泰　之
発行者　藤　原　光　政
発行所　明治図書出版株式会社
http://www.meijitosho.co.jp
（企画）木山麻衣子・坂元菜生子（校正）奥野仁美
〒114-0023　東京都北区滝野川7-46-1
振替00160-5-151318　電話03(5907)6702
ご注文窓口　電話03(5907)6668

＊検印省略　組版所　共同印刷株式会社

Printed in Japan　ISBN978-4-18-215821-6